体系转化

“马克思主义基本原理”混合式教学研究

张会蔚　主编

燕山大学出版社
·秦皇岛·

图书在版编目（CIP）数据

体系转化：“马克思主义基本原理”混合式教学研究 / 张会蔚主编．—秦皇岛：燕山大学出版社，2022.5

ISBN 978-7-5761-0255-0

Ⅰ．①体… Ⅱ．①张… Ⅲ．①马克思主义理论－教学研究－高等学校 Ⅳ．① A81

中国版本图书馆 CIP 数据核字（2022）第 038909 号

体系转化——“马克思主义基本原理”混合式教学研究

张会蔚　主编

出 版 人：陈　玉

责任编辑：张岳洪

责任印制：吴　波

封面设计：刘馨泽

出版发行：燕山大学出版社 YANSHAN UNIVERSITY PRESS

地　　址：河北省秦皇岛市河北大街西段 438 号

邮政编码：066004

电　　话：0335-8387555

印　　刷：英格拉姆印刷(固安)有限公司

经　　销：全国新华书店

尺　　寸：170mm×240mm　16 开

印　　张：10.5

版　　次：2022 年 5 月第 1 版

印　　次：2022 年 5 月第 1 次印刷

书　　号：ISBN 978-7-5761-0255-0

字　　数：160 千字

定　　价：42.00 元

前　言

2021 年 7 月 1 日，习近平总书记在庆祝中国共产党成立 100 周年大会上指出：“中国共产党为什么能，中国特色社会主义为什么好，归根到底是因为马克思主义行。”“马克思主义基本原理”课程教学，承担着对学生进行马克思主义基本立场、基本观点和基本方法教育的重要任务。如何更好地使学生从整体上了解和掌握马克思主义的世界观和方法论，从而指导学生正确认识和掌握人类社会发展的客观规律和基本趋势，让学生真正领略到马克思主义的理论魅力，感悟到马克思主义的真理力量和实践力量，深刻认识到“中国共产党为什么能，中国特色社会主义为什么好”归根到底是因为“马克思主义行”，是该课程教学需要解决的根本问题，也是该课程教学研究的重要课题。《体系转化——“马克思主义基本原理”混合式教学研究》一书，正是基于该课题进行的理论教学与实践教学研究。

该研究以有效实现教材体系向教学体系转化为目标，突出了两方面问题的研究：一方面，在教学内容上，突出了习近平新时代中国特色社会主义思想融入课程教学的理论和实践研究。党的十九届六中全会审议通过的《中共中央关于党的百年奋斗重大成就和历史经验的决议》指出：“以习近平同志为主要代表的中国共产党人，坚持把马克思主义基本原理同中国具体实际相结合、同中华优秀传统文化相结合，坚持毛泽东思想、邓小平理论、‘三个代表’重要思想、科学发展观，深刻总结并充分运用党成立以来的历史经验，从新的实际出发，创立了习近平新时代中国特色社会主义思想，……习近平新时代中国特色社会主义思想是当代中国马克思主义、二十一世纪马克思主义，是中华文化和中国精神的时代精华，实现了马克思主义中国化新的飞跃。”在该课程的体系转化中特别突出了习近平新时代中国特色社会主义思想的融入。另一方面，在教学理念上，突出了根据“原理”课课程特点，着眼于时代发展和青年大学生成长成才需要进行教学设计和实施的理论与实践研究。该研究既是河北科技大学“原理”课教学团队教学实践的经验总结和成果展示，也是与广大思政课教师的教学交流，希望该研究能够为教学团队今后进一步做好“线上线下混合式教学”提供更多理论与实践支撑，也希望本研究所提供的教学建议、教学方案、教学方法和教学拓展资料等教学资源和教学思路，能够为广大思政课教师尤其是“原理”课教师今后的教学提供服务与帮助。

本书是河北科技大学马克思主义学院近年来深化思想政治理论课教学改革成果之一。根据“原理”课教学需要，我们围绕知识目标、价值目标、能力目标对课程教学内容进行了整体结构优化，本书的内容主要通过教学概况、教学转化和教学拓展三个模块来呈现。

1. 教学概况

教学概况由本章概述、学时安排、教学目的与教学目标、本章教材分析、教学重点难点、教学设计等部分组成。该模块可以帮助教师更好地了解各章节的总体教学思路与教学安排，为教师提供清晰的教学线索。

2. 教学转化

教学转化主要涉及的是在线开放课程部分的教学内容。为了更好地服务教学，每章内容都安排了导学，在导学后边，对各章教学要点进行了在线教学。该模块教学内容为有效开展线上线下有机结合的混合式教学提供了帮助。考虑到“原理”课的课程特点，在教学内容的设计上，还专门安排了经典著作导读的内容。

3. 教学拓展

教学拓展由课后思考、备课参考、实践活动三部分组成。“学原理、读经典、看现实”实践活动，是“马克思主义基本原理”课程教学内容的重要组成部分。在课堂理论学习的基础上，学生以马克思主义基本原理为指导，从马克思主义经典著作文献中汲取思想力量，并围绕所关注的社会现实问题展开调研，最后完成该实践活动。

希望本书的编写能够为当前的“原理”课教学实践和下一步的马克思主

义基本原理教学改革提供帮助。由于水平和能力所限，在编写过程中会有这样或那样的不足，恳请各位专家、各位同行朋友提出宝贵意见，我们将不断完善。

张会蔚

2022 年 1 月 20 日

目　录

导　论

第一部分　教学概况

本章概述	本章主要包含了五个方面的内容：一、什么是马克思主义；二、马克思主义的创立与发展；三、马克思主义的鲜明特征；四、马克思主义的当代价值；五、自觉学习和运用马克思主义。
学时安排	理论学时4学时（含课堂活动）
教学目的与教学目标	本章的教学目的是引导大学生从总体上理解和把握什么是马克思主义，了解马克思主义产生的历史过程和发展阶段，掌握马克思主义的鲜明特征，深刻认识马克思主义的当代价值，增强学习和运用马克思主义的自觉性。 导论可将教学目标分为知识、价值、能力三个目标。 知识目标：引导学生从马克思主义的理论内涵、马克思主义的产生和发展、马克思主义的鲜明特征和马克思主义的当代价值四个方面总体上理解把握马克思主义。 价值目标：引导学生以科学态度对待马克思主义、提高学生学习和运用马克思主义的自觉性、培养学生学习“马克思主义基本原理”课程的兴趣。 能力目标：结合小案例引导学生识别出什么是马克思主义的基本立场、观点和方法。

本章 教材分析	导论是本书的开篇内容。教材在开始讲授马克思主义基本原理之前，先从总体上让学生认识马克思主义，这样学生在后边各个章节学习马克思主义基本原理的过程中，就可以更好地把马克思主义作为一个有着严密逻辑的科学理论体系来理解和把握。 导论部分作为本课程的第一课，在为学生总体上呈现马克思主义相关知识内容的同时，指导学生形成对待马克思主义的正确态度，以及学习和运用马克思主义的科学方法。从对学生提出“努力学习和掌握马克思主义的基本立场、观点、方法”，到“坚持理论联系实际的马克思主义学风”，再到“自觉将马克思主义内化于心、外化于行”，指导帮助学生对待马克思主义的学习要做到真学、真懂、真信、真用。 教材的导论在第一部分和最后一个部分，都提到了青年大学生，第一部分从青年大学生立志成为能够担当民族复兴大任的时代新人的高度，提出了青年大学生为什么要学习和运用马克思主义。导论在最后强调了要树立科学的理想信念，自觉以马克思主义作为自己的行动指南。鼓励广大青年要牢固树立远大理想和坚定信念，树立科学的世界观、人生观和价值观，并且要不断增强服务社会的本领，自觉为实现中华民族伟大复兴的中国梦奉献青春、智慧和力量，为青年大学生怎样自觉学习和运用马克思主义提出了要求。
教学 重点难点	教学重点： 1. 马克思主义的内涵； 2. 马克思主义的鲜明特征和当代价值。 教学难点： 马克思主义的鲜明特征。
教学设计	采用线上和线下混合式教学方法。本课程线上教学在中国大学 MOOC 平台。 线下教学专题： 领略马克思与马克思主义的魅力。

第二部分　教学转化

一、马克思主义的创立与发展

【教学导入】（导学——约你一起来学习“原理”课）

同学们好！欢迎大家来到“马克思主义基本原理”课堂，我们这门课是普通高校学生必修的一门思想政治理论课。教育部对思想政治理论课的五门课程分别有个简称，我们这门课简称“原理”课。2021年8月，最新的2021版全国统编教材出版了，我们的“原理”课在线课程，正是依据2021版最新教材为同学们安排的。“学原理、读经典、看现实”是河北科技大学“原理”课教学团队，根据“原理”课的课程特点，着眼于时代发展和青年大学生成长成才需要，为同学们提供的一道有营养、有味道的学习大餐，相信我们的“原理”课在线课程，会成为同学们真心喜爱、终身受益的课程。我代表教学团队的全体老师，约同学们一起来学习“原理”课。

在开始我们“原理”课的学习之前，我先给同学们三个数字，这三个数字分别是-1、0和1，我们用这三个数字对对号，现在如果你心里不怎么情愿学习这门课，我们用-1表示；如果现在你对这门课没什么感觉，我们用0表示；如果你现在对这门课程有着期待和兴趣，我们用1表示。首先，看看你现在的心理准备状态在哪个数字呢？如果你现在的状态是1，那非常好，我们接着积累，如果你现在的状态在数字是0或者-1，也先不用着急，我相信你会喜欢上我们的“原理”课的，你会在我们“原理”课的学习中，感受到马克思主义的理论魅力与真理力量，你会在“原理”课的学习中，得到智慧的启迪，插上理想的翅膀。有一位同学在跟大家分享他为什么喜欢上马克思主义基本原理的学习时，提到了一个很有趣的事情。他说，有一次走在路上，看到有人在路边摆一个小书摊儿，他走过去随便拿起了一本书翻看，是一本漫画书。他又随意翻开了一页，看到了一幅漫画，漫画呈现了一个小故事，有个年轻人骑着一辆坏了该去修的自行车不小心碰着了一位老大爷，这个年轻人很不好意思，赶紧下车向老大爷道歉，说："对不起，对不起，我的自行车坏了，不小心把您给碰着了。"老大爷回应说："你的自行车坏了碰着人是必然的，今天恰巧把我碰着了，是偶然的。"读到漫画中的对话，这位同学感觉，虽然对话内容并不多，但很有哲理，这幅漫画让他很受启发，觉得学习马克思主义基本原理是很有意思的事情。我们说看见的是漫画，学到的是原理，实际上这个对话中所涉及的原理就是我们第一章要学习的一个哲学原理，这个原理的名字叫"必然性与偶然性的辩证关系原理"。我们如果留心就会发现，平时有很多方式可以学习到马克思主义基本原理。可能在人们的一个对话中，在你听到的一个故事里，或者在一首歌里，都可以有。我们知道，习近平总书记走到哪里，就会把中国故事讲到哪里，就会把马克思主义传播到哪里。2013 年 3 月 23 日，习近平主席在莫斯科国际关系学院发表重要演讲时说，鞋子合不合脚，自己穿着才知道。一个国家的发展道路合不合适，只有这个国家的人民才最有发言权。习近平总书记用风趣幽默、生动形象的语言，把深奥的哲学原理告诉了大家。这个原理就是我们第一章要涉及的矛盾的普遍性与特殊性辩证关系原理。马克思主义基本原理可以提供给我们科学的思维方式，大到国家的治理，小到我们每个人日常的工作、学习和生活，要想做好，都需要马克思主义科学思维方式的指导。新时代的青年大学生，担负着实现中华民族伟大复兴中国梦的神圣使命，需要具有过硬的思想政治素质，马克思主义基本原理的学习，可以为我们青年大学生的成长成才提供重要指引和启迪。但是，学习马克思主义只有像习近平总书记要求的"要真学真懂真信真用"，才能真正帮助到我们。

建议同学们在学习马克思主义基本原理时，要理论联系实际去学，一方面，要紧密联系我国社会的客观实际，特别是要联系新时代的新实际，了解我们党的大政方针；另一方面，要紧密联系自身的实际，努力改造自己的主观世界，进一步端正认识，健全人格，提高自身的素质。具体学习方法我们在导论最后一个问题里还要说到。在后边导论部分，再请同学们倾听马克思和恩格斯的故事、领略马克思主义的理论魅力、探寻马克思主义的思想历程、感受马克思主义的真理力量。

一、崇高志向——马克思主义的创立人

同学们好！下面我们一起来聊一聊马克思和恩格斯。我们要想了解马克思主义，首先需要来了解马克思主义的两位创立人。马克思和恩格斯的名字我们一定都非常熟悉，那么，两位创立人是哪个国家的人？他们上没上过大学？学的什么专业？他们有着怎样的成长经历，让他们共同走上了创立马克思主义的道路？这些一定都是你所关心的问题。

马克思和恩格斯都是德国人，我们先来看马克思。马克思出生于1818年5月5日，2018年五四青年节后边的5月5日，正好是马克思诞辰200周年纪念日。马克思先后在波恩大学和柏林大学读书，读的都是法学专业。马克思对哲学非常感兴趣，在老师的鼓励下，马克思做了大量哲学的学习和研究，最后拿到了哲学博士学位。在马克思上大学之前的成长中，有两个人对他的影响非常大，其中一个是他的父亲，他的父亲是一名律师，而且是一名思想比较开明的律师，马克思的成长中受他父亲的影响很大。另一个人是他中学时候的校长，也是教他历史课的老师，这位校长的思想比较进步，对马克思的影响也比较大。马克思在中学毕业的时候写了一篇毕业作文。题目是《青年人在选择职业时的考虑》，读到他这篇作文的人都有两个感受：一个是感觉马克思有着非常卓越的观察力，另一个是感觉马克思有着强烈的为天下的人们做事，为人类而工作的愿望。马克思在作文中写道："如果我们选择了最能为人类而工作的职业，那么，重担就不能把我们压倒，因为这是为大家作出的牺牲；那时我们所享受的就不是可怜的、有限的、自私的乐趣，我们的幸福将属于千百万人，我们的事业将悄然无声地存在下去，但是它会永远发挥作用，而面对我们的骨灰，高尚的人们将洒下热泪。"写这篇作文时，马克思只有17岁，我们看到17岁的马克思已经是一个有着崇高的理想信念、有责任有担当的人。等到马克思大学毕业真的面临职业选择的时候，他想实现他为人类工作的理想。他的第一份工作是做编辑与撰稿工作。马克思办的第一份报纸的名字我们应该听说过，是《莱茵报》。《莱茵报》当时的读者主要是激进的资产阶级分子。正因为《莱茵报》传递的思想比较激进，报纸办了不到一年，也就是11个月的时间，就被普鲁士政府查封了。这时候的马克思就离开了德国去了法国的巴黎，继续

作他的研究。

我们再来看恩格斯，恩格斯比马克思小两岁。恩格斯上没上过大学呢？恩格斯先后读了两所理科中学，在17岁的时候，迫于父亲的压力，就辍学经商了。我们知道恩格斯的父亲是一个工厂主，17岁的恩格斯辍学后，就先来到了他父亲跟别人合开的一个小工厂做练习生。这时候的恩格斯离开了家庭，在工厂里接触了更多他想接触的工人。实际上，恩格斯小时候看到工人的生活状况时，就已经开始在他幼小的心灵里产生了一个朴素的情感，他想："我长大后我能为他们做些什么？"也可能有人会问：是不是恩格斯成了马克思主义的创立人了？我们回过头来挖掘他小时候的素材，其实，我们倒应该说，正是因为他小时候就已经有了这样的情感和动力，才促使他最终走上了创立马克思主义的道路。这正是跟马克思共同的地方。这也给我们新时代的人才培养提供了一个启示，就是一个人理想信念、价值观的培养，应该在小时候就开始，今天我们青年大学生正确价值观的形成非常重要。2014年5月4日，习近平总书记在北京大学师生座谈会上的讲话中说："青年的价值取向决定了未来整个社会的价值取向，而青年又处在价值观形成和确立的时期，抓好这一时期的价值观养成十分重要。这就像穿衣服扣扣子一样，如果第一粒扣子扣错了，剩余的扣子都会扣错。人生的扣子从一开始就要扣好。"说得多好！

我们还接着说恩格斯，恩格斯后来到柏林去服兵役，其间在柏林大学做过旁听生，在他做旁听生时，就经常发表演讲、参与辩论，思想非常活跃。服完兵役后，恩格斯就到了英国一个纺织工业中心——曼彻斯特。后来，恩格斯在回家探亲的途中，到法国巴黎去见了一下马克思，这是两个人一生中的第二次见面。第一次见面时，两个人的观点还不一致，后来他们两个人通过书信形式对所研究的问题进行沟通探讨。第二次见面时，两个人发现他们的观点特别一致。从这个时候开始，便有了两个人伟大的友谊，他们开始共同开创马克思主义的伟大事业。

二、理论魅力——马克思主义的内涵

同学们好！如果现在有人问我们，马克思和恩格斯创立的理论是什么，我们可能会说，这个问题太简单了，当然是马克思主义了。那如果再接着问我们，什么是马克思主义，马克思主义是研究什么的呢，研究后得到的理论都包括哪些内容，研究马克思主义的出发点又是什么，我们会发现，原来围绕马克思主义的内涵，还有这么多的学问。下面我们一个一个问题来看。我们先来看什么是马克思主义。2021 年最新版的教材中，对马克思主义做了这样的概括："马克思主义是由马克思和恩格斯创立并为后继者所不断发展的科学理论体系，是关于自然、社会和人类思维发展一般规律的学说，是关于社会主义必然代替资本主义、最终实现共产主义的学说，是关于无产阶级解放、全人类解放和每个人自由而全面发展的学说，是无产阶级政党和社会主义国家的指导思想，是指引人民创造美好生活的行动指南。"对马克思主义的这个界定，我们可以从"谁的理论？""研究什么的理论？""为了什么而研究理论？"这三个层面来理解。从"谁的理论？"层面看，马克思主义不仅包括马克思和恩格斯创立的科学理论体系，也包括后继者不断发展了的科学理论体系。从"研究什么的理论？"层面看，马克思主义既研究自然，也研究社会，还研究人类思维。而且对自然、社会和人类思维这三大领域，不是停留在表面现象的研究上，是深入到了对自然、社会和人类思维发展一般规律的研究上，并在揭示人类社会发展的一般规律中发现了社会主义必然代替资本主义、最终实现共产主义这一必然趋势。从"为了什么而研究理论？"层面看，为无产阶级解放、全人类解放和每个人自由而全面发展而做的研究。马克思主义理论体系可以说博大精深。那么，其中主要的内容是什么呢？1913 年，列宁为纪念马克思逝世 30 周年写了一篇文章，文章题目是《马克思主义的三个来源和三个组成部分》，这篇文章当时刊载于布尔什维克的合法理论月刊《启蒙》杂志上，这篇文章的中文版收到了《列宁全集》第 2 版第 23 卷中。列宁在这篇文章中阐述了马克思主义的哲学、政治经济学和科学社会主义是马克思主义的三个基本组成部分。这三个基本组成部分有机统一并共同构成了马克思主义理论的主体内容。

刚才我们已经了解了什么是马克思主义，知道了马克思主义是一个博大精深的理论体系，除了我们提到的马克思主义的主体内容三个基本组成部分之外，其实，平时我们还听到过其他许多与马克思主义相关的知识领域，像马克思主义历史学、马克思主义法学、马克思主义文化学等等，我们不可能在一门课里，把马克思主义所有内容都涉及，我们这门课只是涉及马克思主义的基本原理。那什么是马克思主义基本原理？怎样做才是运用了马克思主义基本原理？我们一起来看。掌握什么是马克思主义基本原理，以及判断是否真正运用了马克思主义基本原理，必须把握三个关键点：这三个关键点就是马克思主义的基本立场，还有基本观点和基本方法，而且，这三个方面缺一不可。马克思主义基本立场、观点和方法，必须有机统一起来去观察、分析和解决问题，才叫对马克思主义基本原理的真正运用，也是马克思主义的最大理论魅力所在。可以说，不管是在指导国家的发展上，还是指导个人的成长中，只要是这三个方面有机统一起来，就会产生巨大的真理力量。其中，马克思主义的基本立场，可以说是马克思主义观察、分析和解决问题的根本立足点和出发点。具体是指马克思主义要以无产阶级的解放和全人类的解放为己任，以人的自由全面发展为美好目标，以人民为中心，一切为了人民，一切依靠人民。马克思主义立场最简练的表达就是坚持“人民立场”。中国共产党是马克思主义政党，中国共产党的宗旨是全心全意为人民服务，1944 年 10 月，毛泽东在接见新闻工作者时指出：三心二意不行，半心半意也不行，一定要全心全意为人民服务。党的十九大确立的习近平新时代中国特色社会主义思想，其核心就是“以人民为中心”，这就是马克思主义的立场。马克思主义的基本观点，是关于自然、社会和人类思维发展一般规律的科学认识，是对人类思想成果和社会实践经验的科学总结。在我们这门课程中，主要体现为各章节中所涉及的理论观点，我们学习时往往会直接把这些基本理论观点说成原理，但是，如果这些原理不能转化为工作方法，就成了纸上谈兵。这就还需要有马克思主义的基本方法，马克思主义基本方法我们可以理解为具体运用马克思主义的基本观点，去指导我们正确认识世界和改造世界的思想方法和工作方法。如果没有站在马克思主义的立场上说话和做事，出发点就已经不是马克思主义的了，更谈不上对马克思主义基本原理的运用。同样，如果只站对了立场，而没有掌握马克思主义的基本观点和基本方法，在工作中就容易造成出发点虽然好，但工作起来不科学，这也不是对马克思主义基本原理的真正运用。希望同学们在后边各章节的学习中，细细去品味马克思主义基本原理，领略马克思主义的理论魅力，把马克思主义基本原理真正学好、用好。

三、思想历程——马克思主义的创立与发展

同学们好！通过前面的学习，我们知道了什么是马克思主义，那么马克思主义是在什么情况下创立的呢？下面我们从马克思主义产生的社会根源、阶级基础和思想渊源三个方面来看一下马克思主义的创立。

首先，从社会根源来看，是资本主义生产方式中的矛盾与危机，带来了让人们困惑不解的问题。任何一个科学理论的产生都是为了回答实践中提出的问题。资本主义代替封建社会，是人类历史的一大进步，那是不是资本主义生产方式形成和确立后，就没有矛盾和问题了？当然不是，伴随着机器大工业的发展和资本主义生产方式的形成与发展，集中体现资本主义社会基本矛盾的一系列矛盾问题也跟着来了，无产阶级与资产阶级的矛盾不断加剧，周期性的经济危机频繁爆发。当这些矛盾与危机出现时，人们开始困惑：这是怎么回事？这些矛盾和问题怎么解决？接下来资本主义该向何处去？人类又向何处去？就成了一个人们无法回避的时代课题。当时占主流地位的资产阶级思想家们的理论是为资产阶级辩护的，所以他们回答不了这个时代课题。马克思和恩格斯正是在回答时代课题的过程中，创立了马克思主义。

其次，从阶级基础看，无产阶级斗争的实践需要科学理论的指导。伴随着无产阶级与资产阶级的矛盾不断加剧，法国、英国、德国接连爆发了无产阶级反对资本主义制度的斗争。法国里昂工人起义、英国工人的宪章运动、德国的西里西亚纺织工人起义等，标志着现代无产阶级作为独立的政治力量登上了历史舞台。无产阶级在反抗资产阶级剥削和压迫的斗争中，迫切渴望科学的理论指导。前面我们说过马克思和恩格斯是有理想、有责任、有担当的人，这时候，时代课题吸引着他们，工人运动又召唤着他们。可以说，两位胸怀伟大理想的年轻思想家在时代有需要时，在无产阶级有需要时，以自觉的历史担当，迎接了时代的挑战，成了马克思主义的创立者。

再次，从思想基础来看，马克思和恩格斯为了准确回答时代课题，为了

科学指导工人运动，他们做了大量的研究，在研究过程中，吸收借鉴了前人研究中的相关理论成果。其中，德国古典哲学、英国古典政治经济学、英法两国的空想社会主义，为马克思主义的创立提供了直接的理论来源。比如，德国古典哲学中，黑格尔提出了“一切皆变”的观点，这个对马克思很有启发，既然一切皆变，那么资本主义社会也必然要变。马克思把资本主义社会放到整个人类历史的长河中开始思考研究，最终揭示了人类社会发展的规律。除了马克思主义的三大直接理论来源，19 世纪的三大科学发现，也就是细胞学说、能量守恒与转化定律、生物进化论，为马克思主义的产生提供了自然科学前提。如果从更广泛的意义上讲，古希腊罗马哲学、文艺复兴运动的思想成果、法国复辟时期历史学家的进步思想等，也都是马克思主义的思想来源。马克思和恩格斯批判地继承前人思想，创立马克思主义的过程，是一个非常艰辛的过程，为了做研究，他们放弃了舒适安逸的生活，迎接了时代的挑战，带着崇高的理想和责任担当，为无产阶级解放、全人类解放和每个人自由而全面发展的光辉事业，倾注了他们毕生的心血。马克思至今依然被公认为“千年第一思想家”。1848 年 2 月，《共产党宣言》发表，标志着马克思主义的公开问世。从此，无产阶级有了自己的科学理论，工人运动有了正确的方向。

刚才我们说，任何一个科学理论的产生都是为了回答实践中提出的问题。那么，当实践中又不断产生新的问题等着人们去回答时怎么办呢？那当然是需要去发展马克思主义。也就是运用马克思主义基本原理，去解决实践中提出的新问题。我们在导论前面内容说过，运用马克思主义基本原理，就是运用马克思主义的基本观点、立场和方法。列宁在领导俄国革命和建设的过程中，把马克思主义基本原理与俄国实际相结合，创立了列宁主义，这是对马克思主义的发展。

党的十九届六中全会审议通过的《中共中央关于党的百年奋斗重大成就和历史经验的决议》，在总结中国共产党自成立以来的 100 年伟大成就中，总结概括了马克思主义中国化的发展历程，对毛泽东思想、中国特色社会主义理论体系、习近平新时代中国特色社会主义思想，进行了系统阐述和总结。

《中共中央关于党的百年奋斗重大成就和历史经验的决议》指出，毛泽东思想是马克思列宁主义在中国的创造性运用和发展，是被实践证明了的关于中国革命和建设的正确的理论原则和经验总结，是马克思主义中国化的第一次历史性飞跃。

《中共中央关于党的百年奋斗重大成就和历史经验的决议》指出，在改革开放和社会主义现代化建设新时期，党从新的实践和时代特征出发坚持和发展马克思主义，科学回答了建设中国特色社会主义的发展道路、发展阶段、根本任务、发展动力、发展战略、政治保证、祖国统一、外交和国际战略、领导力量和依靠力量等一系列基本问题，形成了中国特色社会主义理论体系，实现了马克思主义中国化新的飞跃。

《中共中央关于党的百年奋斗重大成就和历史经验的决议》指出，党的十八大以来，中国特色社会主义进入新时代。以习近平同志为主要代表的中国共产党人，坚持把马克思主义基本原理同中国具体实际相结合、同中华优秀传统文化相结合，坚持毛泽东思想、邓小平理论、“三个代表”重要思想、科学发展观，深刻总结并充分运用党成立以来的历史经验，从新的实际出发，创立了习近平新时代中国特色社会主义思想。习近平同志对关系新时代党和国家事业发展的一系列重大理论和实践问题进行了深邃思考和科学判断，就新时代坚持和发展什么样的中国特色社会主义、怎样坚持和发展中国特色社会主义，建设什么样的社会主义现代化强国、怎样建设社会主义现代化强国，建设什么样的长期执政的马克思主义政党、怎样建设长期执政的马克思主义政党等重大时代课题，提出一系列原创性的治国理政新理念新思想新战略，是习近平新时代中国特色社会主义思想的主要创立者。习近平新时代中国特色社会主义思想是当代中国马克思主义、21 世纪马克思主义，是中华文化和中国精神的时代精华，实现了马克思主义中国化新的飞跃。

四、真理力量——马克思主义的鲜明特征和当代价值

同学们好！现在如果让我们把马克思主义的理论形象，用几个词表达出来，该选哪几个词呢？马克思主义对当代世界变化、对人类社会进步、对当代中国发展有着怎样的影响？接下来我们通过对马克思主义鲜明特征与当代价值

的学习，来一起感受马克思主义的真理力量。

习近平总书记在纪念马克思诞辰200周年讲话中提到："《共产党宣言》发表170年来，马克思主义在世界上得到广泛传播。在人类思想史上，没有一种思想理论像马克思主义那样对人类产生了如此广泛而深刻的影响。"

从马克思主义的当代价值来看，马克思主义不但是观察当代世界变化的认识工具和指引当代中国发展的行动指南，而且还是引领人类社会进步的科学真理。2022年1月11日，省部级主要领导干部"学习贯彻党的十九届六中全会精神专题研讨班"在中央党校（国家行政学院）开班。中共中央总书记、国家主席、中央军委主席习近平在开班式上发表重要讲话。在讲话中，习近平总书记强调"中国共产党为什么能，中国特色社会主义为什么好，归根到底是因为马克思主义行。马克思主义之所以行，就在于党不断推进马克思主义中国化时代化并用以指导实践"。为什么时代在变化，社会在发展，马克思主义基本原理依然是科学真理？为什么马克思主义在当今世界不但没有过时，而且日益焕发出旺盛的生命力？我们从马克思主义的鲜明特征中可以找到答案。从马克思主义的鲜明特征来看，我们可以用几个词来概括，分别是科学性、人民性、实践性、发展性。习近平总书记在纪念马克思诞辰200周年讲话中提到："马克思给我们留下的最有价值、最具影响力的精神财富，就是以他名字命名的科学理论——马克思主义。这一理论犹如壮丽的日出，照亮了人类探索历史规律和寻求自身解放的道路。"这句话集中反映了马克思主义的鲜明特征。

下面我们重点看一下科学性。科学性是马克思主义最基本的特征，人民性、实践性、发展性等特征，都是建立在马克思主义科学性的基础上的。在前面学习马克思主义的内涵时，我们说过，马克思主义对自然、社会和人类思维这三大领域，不是停留在表面现象的研究上，而是深入到对其发展一般规律的研究上，并在揭示人类社会发展的一般规律中发现了社会主义必然代替资本主义、最终实现共产主义这一必然趋势。空想社会主义者对理想社会虽然有很多美好的设想，但没有揭示社会发展规律，没有找到实现理想的有效途径。

为什么马克思主义能够揭示出人类社会发展的一般规律，成为科学的理论？马克思主义具有科学的世界观和方法论基础，这是马克思主义的一个突出特征和理论优势，也是马克思主义科学性的重要体现。马克思主义科学的世界观和方法论就是辩证唯物主义和历史唯物主义，也叫马克思主义哲学，这在我们“原理”课的第一章将学到。马克思主义的科学世界观和方法论对中国的革命、建设和改革提供了科学的思维方法。在马克思主义传播到中国之前，中国人民一直在苦苦探索争取民族独立和人民解放之路，但却没能成功。十月革命胜利后，马克思主义传播到中国，马克思主义不仅让中国人民看到了光明和希望，也给了中国人科学的思维方式。最先掌握马克思主义的中国共产党人，也最先拥有了马克思主义的科学思维方式。有了科学思维方式，想问题就可以从实际出发，从具体国情出发，就可以做事一步一个脚印，按规律办事，不急于求成，就可以在实现理想的过程中，不逃避、不退缩，敢于迎接困难和挑战，不放弃理想和追求，就可以有博大的胸怀与责任担当。以毛泽东为代表的中国共产党人，在马克思主义科学世界观和方法论指导下，为中国人民找到了一条适合中国国情的革命道路，并且在最为艰苦的革命斗争中，始终保持着革命的乐观主义精神，不是抱怨困难，也不是唉声叹气，而是不放弃理想信念，想办法，找对策，解决问题。中国革命在马克思主义的指导下，在以马克思主义武装起来的政党——中国共产党的领导下，取得了革命的成功。今天我们进入了改革发展的新时代，我们要实现中华民族伟大复兴的中国梦，同样离不开马克思主义科学世界观和方法论的指导，离不开中国共产党的领导。中国共产党的领导是中国特色社会主义最本质的特征，中国共产党的领导也是中国特色社会主义制度的最大优势。新时代，以习近平同志为核心的党中央提出了“四个全面”的发展战略、“五大发展理念”、“五位一体”的总体布局等治国理政理念，充分体现了马克思主义的科学方法论。中国革命的成功是个非常艰苦的奋斗过程，中国改革同样会面临许许多多的难题与挑战，这就更要加强马克思主义理论学习，不断提高解决问题的能力。习近平总书记在纪念马克思诞辰200周年的讲话中提到：“当前，改革发展稳定任务之重、矛盾风险挑战之多、治国理政考验之大都是前所未有的。我们要赢得优势、赢得主动、赢得未来，必须不断提高运用马克思主义分析和解决实际问题的能力。”习近平总书记多次提到过“马克思主义是看家本领”，青年大学生要不断学习马克思主义理论，担负起时代赋予青年人的责任。以马克思主义为指导，在实现中国梦的生动实践中放飞青春梦想。

五、学习方法——自觉学习和运用马克思主义

同学们好！前面我们说了，从马克思主义的当代价值来看，马克思主义是观察当代世界变化的认识工具，是指引当代中国发展的行动指南，是引领人类社会进步的科学真理。这是从大的方面说。从小的方面说，马克思主义对于当代青年的成长成才也具有重要的指引和启迪作用，学习马克思主义理论有助于青年们树立科学的世界观、人生观和价值观，提高分析和解决问题的能力。马克思主义很重要，但马克思主义理论不是自动进入我们青年大学生的头脑中的，青年大学生要自觉学习和运用马克思主义。

现在我们从三个方面说一下青年大学生怎么学"原理"课。这三个方面就是学什么、怎么学、学到什么程度。

先看第一个问题，学什么。一要努力学习和掌握马克思主义的基本立场、观点、方法。青年大学生今天是在校学生，明天将是中国特色社会主义的建设者，努力学习和掌握马克思主义的基本立场、观点、方法，可以提高青年大学生的政治素质，培养科学的思维方式，增强分析问题和解决问题的能力。2018年五四青年节前夕，习近平总书记在北京大学师生座谈会上的讲话中提到："广大青年生逢其时，也重任在肩。我说过，中华民族伟大复兴，绝不是轻轻松松、敲锣打鼓就能实现的，我们必须准备付出更为艰巨、更为艰苦的努力。广大青年要成为实现中华民族伟大复兴的生力军，肩负起国家和民族的希望。"我们青年大学生要掌握马克思主义的基本立场、观点和方法，做有责任、有担当的新时代青年。二要努力学习和掌握马克思主义中国化的理论成果。学习马克思主义理论，不仅要学习马克思主义基本原理，而且要学习马克思主义中国化的理论成果。特别是学习习近平新时代中国特色社会主义思想。当代大学生要把学习马克思主义基本原理与学习马克思主义中国化的理论成果结合起来，并在二者的结合中不断提高自己的思想理论水平。

第二个问题就是怎么学。在导论部分的导学中，我们已经提到，青年大

学生学习马克思主义基本原理，应该联系两方面的实际，一方面是联系我国社会的客观实际，另一方面是联系大学生自身的成长实际。青年大学生掌握马克思主义的基本立场、观点、方法，可以帮助我们正确地理解国家的大政方针，正确处理个人与社会的关系，也有助于大学生形成健全的人格。科学思维方式的形成又是健全人格形成的认知基础。比如，自卑人格背后往往是缺乏唯物辩证的科学思维方式指导。有的大学生在有些方面还不足时，却表现出极度自卑，甚至发出“我什么都不如别人的”感慨。真的是什么都不如别人吗？仔细分析，发现实际上就某一个方面做得不够好。这种把某一个方面做得不够好，当成是所有方面都不好的思维方式，是不科学的，一方面没有实事求是评价自己，不客观，不唯物了；另一方面，没有全面地自我评价，而是以偏概全去评价，这又不辩证了。不唯物、不辩证的思维方式，往往不是在一件事情上影响一个人对问题的正确判断，而是在一系列问题上都会影响到一个人的正确认知，用这种思维方式去观察、分析和解决自身问题时，就会影响到自身健康人格的形成，影响到自身的幸福感与情绪健康，影响到自身生活、学习、工作的积极性和效果。用这种思维方式去观察、分析和解决社会问题时，会影响到对问题的正确判断和决策。所以，我们会发现，马克思主义就在我们身边，学习和掌握马克思主义的基本立场、观点和方法，一定要理论联系实际，把马克思主义基本立场、观点和方法的运用融入我们的日常生活中，融入我们为实现中国梦而努力奋斗的理想实现中。

第三个问题就是学到什么程度。学习马克思主义的基本立场、观点和方法，不能只停留在知识的学习上，我们经常会引用“知识就是力量”这句话，但是，知识如果不放到实践中去用，就体现不出它的力量。所以，我们必须真学真懂真信真用，也就是将马克思主义内化于心、外化于行、学以致用，不断增强服务社会的本领，自觉为实现中华民族伟大复兴的中国梦奉献青春、智慧和力量。

第一章　世界的物质性及发展规律

第一部分　教学概况

本章概述	本章主要包含了三方面的内容：第一节世界多样性与物质统一性；第二节事物的普遍联系和变化发展；第三节唯物辩证法是认识世界和改造世界的根本方法。
学时安排	理论学时 12 学时（含课堂活动）
教学目的与教学目标	本章的教学目的是引导和帮助学生学习和掌握辩证唯物主义基本原理，着重把握物质与意识的辩证关系，世界的物质统一性，事物联系和发展的基本环节与基本规律，逐步形成科学的世界观和方法论，运用唯物辩证法分析和解决问题，不断增强思维能力。 本章教学目标包括知识、价值、能力三个目标。 知识目标：掌握辩证唯物论部分的物质与意识辩证关系原理、意识的能动性作用原理、主观能动性与客观规律性辩证关系原理、世界的物质统一性原理；掌握唯物辩证法部分所涉及的一个核心、两大特征、三大规律、四种方法、五对范畴等知识体系。 价值目标：马克思主义的科学世界观揭示了世界的本质及发展规律，为人们提供了认识世界和改造世界的科学方法论，为人们确立科学的人生观和价值观奠定了坚实的基础。以科学的世界观和方法论指导形成科学思维方式的基础上，做积极向上满满正能量的新时代大学生。 能力目标：逐步形成科学的世界观和方法论，拥有科学的思维方式，运用辩证唯物论和唯物辩证法分析和解决问题，不断增强思维能力。

本章 教材分析	本章是整个教材中篇幅最大的一章，也是在内容上特别重要的一章。本章所涉及的马克思主义基本原理是从整个世界的领域进行的分析。无论是自然界、人类社会还是人类思维，都需要既唯物又辩证地去把握。本章是形成科学世界观和方法论的理论基础。只有将本章内容理解透彻了，才能对后边章节的内容进行科学把握。对第一章的教材体系把握一定要放在整个马克思主义基本原理体系中去把握。 首先，要全面把握教材关于辩证唯物论与唯物辩证法科学世界观和方法论的内容，放在马克思主义基本立场、观点和方法的整体中去理解和把握其逻辑结构。 其次，要准确理解教材关于辩证唯物论与唯物辩证法的科学世界观，我国革命、建设和改革的社会历史与现实发展问题相结合的历史逻辑、理论逻辑和实践逻辑。 再次，要深刻把握教材关于习近平新时代中国特色社会主义思想融入马克思主义基本原理的理论内容与实践运用。
教学 重点难点	教学重点： 1. 世界的物质统一性； 2. 联系和发展的基本规律。 教学难点： 1. 世界的物质统一性； 2. 不断提高辩证思维能力。
教学设计	采用线上和线下混合式教学方法。本课程线上教学在中国大学 MOOC 平台。 线下教学专题： 1. 洞悉辩证唯物论的无限奥妙； 2. 学习与掌握唯物辩证法的无穷智慧。

第二部分　教学转化

第一节　世界多样性与物质统一性

【教学导入】（导学——带你一起认识世界）

同学们，在经过导论的学习后，我们对马克思其人其事，对什么是马克思主义，马克思主义的产生和发展历程，马克思主义的鲜明特征有了一个整体的了解。我们也认识到，马克思主义在现时代并没有过时，尤其在中国特色社会主义进入新时代和实现“两个一百年”奋斗目标的关键时刻，我们更要坚持马克思主义的基本立场、观点和方法。

习近平总书记强调，“马克思主义是我们党和人民事业不断发展的参天大树之根本，是我们党和人民不断奋进的万里长河之泉源”。对于我们大学生来说，就是要在学习和生活中，在思考社会问题的时候，首先必须掌握一些科学的世界观，然后用这种世界观指导我们的行动，只有这样我们才能正确地学习和生活。习总书记曾告诫青年大学生：“要树立正确的世界观、人生观、价值观，掌握了这把总钥匙，再来看看社会万象、人生历程，一切是非、正误、主次，一切真假、善恶、美丑，自然就洞若观火、清澈明了，自然就能作出正确判断、作出正确选择。”

那么，什么是科学的世界观？科学的世界观从何而来？怎样才能养成科学的世界观呢？这就需要我们学习人类的智慧之学——哲学。马克思和恩格斯对于哲学素质在人们认识活动和实践活动中所具有的重要作用，曾给予过高度的评价，他们认为，“哲学是现世的智慧”，“是一切时代精神的精华”，“没有哲学，在科学上是走不远的”。恩格斯还曾经深刻地指出：“一个民族要想站在时代的最高峰，就一时一刻也不能离开理论思维。”

那么，什么是哲学？哲学，在英语中是 philosophy，它源于古希腊语，是两千五百年前的古希腊哲学家提出来的，意思是“爱智慧”。在中国的辞海里，哲学也包含有“聪敏”“睿智”的意思。可以说，哲学是对于自然界、人类社会及人本身的一些最基本问题的思考，是人类为了更有智慧而进行的思想认识活动。马克思主义哲学正是基于以上这种认识，赋予了哲学以科学的定义：哲学是系统化、理论化的世界观，是对自然知识、社会知识和思维知识的概括和总结，它提供了对于世界以及人与世界关系的全面而深刻的思考。

从今天开始，我们就将进入马克思主义哲学基本原理的学习，系统讲授马克思主义的辩证唯物主义与历史唯物主义的基本理论，在我们教材上主要是一到三章的内容。第一章侧重讲授的是马克思主义的辩证唯物论和唯物辩证法，第二章侧重讲授的是辩证唯物主义认识论的内容，这两章的内容就是马克思主义辩证唯物主义的基本理论体系。辩证唯物主义是唯物主义和辩证法的有机统一而形成的科学世界观。辩证唯物主义给我们强调了，世界的本原是物质，物质决定意识，物质是不断运动的，物质的运动是有规律的。我们要用联系、发展、矛盾的眼光来看待这个世界，我们所处的世界是可以认知的，并且这种认知是呈螺旋式上升的过程。第三章侧重讲授的是马克思主义的唯物史观，又称历史唯物主义，它是关于人类社会发展一般规律的理论，它教会我们如何正确打开历史，以科学而睿智的眼光看清历史的真面目。

可以说，这三章马克思主义哲学的内容，是整个马克思主义理论体系的奠基石，只有学好这部分内容，运用马克思主义科学的哲学思维做指导，我们才能更好地理解第四章、第五章马克思主义政治经济学的内容，以及第六章、第七章科学社会主义的相关内容。正如毛泽东曾经说过的，“马克思主义有几门学问：马克思主义的哲学、马克思主义的经济学、马克思主义的社会主义——阶级斗争学说，但基础的东西是马克思主义哲学，这个东西没有学通，我们就没有共同的语言，没有共同的方法”。

一、世界本原——世界的物质统一性

同学们，今天我们讲授马克思主义哲学原理的第一个知识点：世界的物质统一性。在讲解这个知识点之前，我先请大家思考几个问题：1. 我们从哪里来？世界的本原是什么？ 2. 世界的本质是真实的还是虚幻的？ 3. 我们又要到哪里去？世界与自我如何实现统一？在接下来的讲解中，我想大家可以从中找到答案。

我们面对的大千世界，生机勃勃，奥妙无穷，在这纷繁复杂的世界面前，我们该如何认识它的本质？可以说，马克思主义哲学的辩证唯物主义给我们提供了一双慧眼，使我们看到了世界上万事万物的统一性，即它的物质性。马克思主义认为，物质是世界的本原，世界统一于物质。对于这个知识点，我重点从以下三个方面进行解读：

首先，自然界是物质的，物质是运动的。自古以来，人类的祖先就一直在探索一个问题，即"世界从何而来"。因此，在东西方的古老故事传说中就有了盘古开天辟地、女娲补天、上帝创世说等等探索人类与世界本原的故事。随着近代科学的发展，人类逐渐认识到，地球上最初的生命是由非生命物质经过极其复杂的化学变化过程，一步步形成的，生物的产生和进化是自然界长期发展的结果。可见，自然界是统一的物质世界的组成部分。同时，自然界中的事物又不是凝固不变的，物质的根本属性是运动，运动是标志一切事物和现象的变化及其过程的哲学范畴。物质和运动是不可分割的，运动是物质的运动，物质也是运动着的物质，离开物质的运动和离开运动的物质都是不可想象的。

其次，意识统一于物质。这部分内容我们还将在物质与意识的辩证关系，以及主观能动性与客观规律性的辩证统一中涉及。可以说，从意识的起源上看，意识是物质世界长期发展的产物，是物质世界中的一种特殊存在；从意识的本质上看，意识是人脑这种特殊的物质器官的机能，是客观存在的主观映像；从意识的作用上看，意识能动性的发挥必须以尊重物质世界的客观规律为前提。因此，意识统一于物质。由这点我们可以很好地驳斥有神论思想，因为在统一的物质世界之外，没有任何非物质的存在或非物质的活动，上帝或诸神创造世界的活动是没有科学根据的，我们所生活的世界是实实在在的物质世界。

再次，人类社会的物质性。马克思主义哲学的诞生，之所以被称为哲学史上的伟大变革，其中一个很重要的原因，就是马克思主义哲学把科学的实践观引入了哲学。立足于科学实践的基础之上，是马克思主义哲学同以往旧哲学的根本区别，它既仰望星空又脚踏实地，透过人类的实践活动去审视世界的本质问题，尤其是人类社会的物质性，解决了旧唯物主义哲学长期没有得到正确解决的问题。马克思主义哲学认为，人类社会的物质性主要体现在以下三个方面：

第一，人类社会是物质世界的组成部分。我们知道，人是物质世界发展到一定阶段的产物。同时，人赖以生存的全部生活资料也只能取之于物质世界，离开了一定的物质自然环境，人类社会就不可能存在和发展。第二，人类获取生活资料的活动是物质性的活动。人类获取物质生活资料的实践活动，是以物质力量改造物质力量的活动，如果仅仅停留在意识或思想的范围内，就不能称之为实践活动，而是一种主观臆想。马克思曾经说过，“一步实际行动要比一打纲领更为重要”，“哲学家们只是用不同的方式解释世界，而问题在于改变世界”。人类就是以实践为中介实现世界与自我的统一。第三，人类社会存在和发展的基础是物质资料的生产方式。为什么这么说呢？因为生产方式是生产力和生产关系的总和。生产力是人类改造自然的物质力量，而生产关系是在物质生产过程中形成的不以人的意志为转移的物质关系，它集中体现着人类社会的物质性。

可以说，“理论与实践的统一”是马克思主义的一个最基本原则，也是我们党起家和兴旺发达的根本所在，回想一下40年前，《光明日报》头版发表的《实践是检验真理的唯一标准》这篇文章，掀起了“真理标准问题大讨论”，在全党上下逐步确立了毛泽东的实事求是、一切从实际出发、理论与实践相结合的马克思主义的根本观点和根本方法，带来了思想大解放，也铸就了我们改革开放40年的光辉历程。同学们，当前习近平总书记所一再强调的“幸福都是奋斗出来的！”“撸起袖子加油干！”等等，都是我们党重视实践的优良作风的真切体现，希望大家也能珍惜我们这个伟大的时代，立鸿鹄志，做奋斗者！

二、经典之作——列宁的物质定义

同学们，大家好！上次课我们主要用马克思主义哲学辩证唯物主义的思考，剖析了世界的物质性本原。我们说，世界统一于物质，主要是自然界是物质的、意识统一于物质、人类社会也具有物质性。其实，这里还欠大家一个很重要的解释，就是“何谓物质？”。我们一谈到“物质”，感觉是一个很普通的概念，平时我们看得见、摸得到的都是物质，那么如何概括物质的内涵？哲学上是怎样理解物质概念的？

从哲学上看，世界上的万事万物归结起来无非是两大类现象：物质现象和精神现象。人类的一切活动归纳起来无非是两大类活动：认识世界和改造世界。我们认识和看待这两大类现象和两大类活动，都不能不涉及存在和思维的关系问题。存在和思维的关系问题又称为物质和精神的关系问题，它构成了全部哲学的基本问题。恩格斯总结和概括了哲学发展特别是近代哲学发展的历史事实，第一次明确指出：“全部哲学，特别是近代哲学的重大的基本问题，是思维和存在的关系问题。”思维与存在的关系，还可以通俗地表述为：人与物质世界的关系、物质与意识的关系、物质与精神的关系、客观与主观的关系等等。

这一哲学的基本问题主要包含两方面的内容：其一，存在和思维究竟谁是世界的本原，即物质和精神何者是第一性、何者是第二性的问题。在上次课“世界的物质统一性”的讲解中，我们知道了，马克思主义哲学的辩证唯物主义认为，世界的本原是物质的，意识统一于物质。其实，在哲学史上，对于这个问题的不同回答，是划分唯物主义与唯心主义两大阵营的唯一标准。凡是认为物质第一性、意识第二性的，统属唯物主义学派；凡是认为意识第一性、物质第二性的，统属唯心主义学派。其二，存在和思维有没有同一性，即思维能否正确认识存在的问题。对这一问题的不同回答，构成了划分可知论和不可知论的标准。在哲学史上，凡是认为世界可以被人所认识的，统属可知论的范畴；凡是认为世界不能被人所认识的，统属不可知论的范畴。

同学们，在了解了哲学的基本问题，及以此对哲学各流派的划分以后，我们来了解一下哲学上的物质概念。既然物质与意识的关系问题是近代哲学都要思考的重大基本问题，那么物质概念肯定也是近代哲学的首要的、核心的概念。可以说，从古到今，唯物主义对物质概念的理解，经历了从朴素到科学、从片面到比较全面的过程。古代朴素唯物主义用某一种物质作为本原来解释世界，如中国哲学家用“五行”“元气”等解释世界，古希腊哲学家用“水”“气”“火”“原子”等解释世界。近代形而上学唯物主义以近代科学为基础，把物质等同于物质的微观结构层次——原子，这种唯物主义没能正确理解哲学的物质概念与自然科学的物质概念之间共性与个性的关系，因而终究经不起自然科学进一步发展的检验和唯心主义的攻击。

同学们，从上次课我们了解到，马克思主义哲学建立在科学的实践观基础之上，强调了从能动的实践出发去把握客观世界的意义，从而对作为世界本质的哲学物质概念作出了科学的解答，创立了科学的世界本原观。恩格斯在 19 世纪 80 年代所写的《自然辩证法》这部手稿中，对作为世界本质的哲学物质概念给出了初步的概括，他写道：“物、物质无非是各种物的总和，而这个概念就是从这一总和中抽象出来的。”可以说，恩格斯的物质定义，为人们正确地认识作为世界本质的物质概念，提供了一种从个性中揭示共性，从多样性中揭示其统一性的辩证思维方法。1908 年，列宁在同国内外马赫主义的论战中，写下了《唯物主义与经验批判主义》这部论战性的哲学著作，在这部著作中，列宁对恩格斯的定义进行了完善，提出了全新的哲学物质概念。列宁指出：“物质是标志客观实在的哲学范畴，这种客观实在是人通过感觉感知的，它不依赖于我们的感觉而存在，为我们的感觉所复写、摄影、反映。”可以说，列宁的物质概念从物质与意识的关系出发，阐明了哲学的物质与自然科学的物质之间一般和特殊、共性与个性的关系，从而捍卫了唯物主义，为马克思主义的物质观作出了重大贡献。

同学们，时至今日，距列宁提出物质概念已经有一百多年了，那么随着这一百多年人类科学与实践的发展，例如反物质与暗物质的发现是否否认了马克思主义的物质范畴呢？我们知道，反物质、暗物质不是不存在的物质，也是不依赖于人的意识而客观存在的，虽然它们具有不同于我们传统所见的物质的形式和特点，但这也只是表明，物质世界本身具有无限的多样性，物质总是客观实在性与形式多样性的统一。所以，反物质和暗物质恰恰是证明了世界物质多样性统一的基本原理，是对马克思主义物质范畴的丰富和发展。

三、意识探源——物质与意识的辩证关系

同学们，大家好！今天我给大家带来了一幅画，这是一幅油画《厄科和那喀索斯》，它取材于古希腊的一则神话：河神刻菲索斯娶了水泽神女利里俄珀为妻，生下一子名叫那喀索斯（Narcissus）。那喀索斯出世以后，他的父母去求神示，想要知道这孩子将来的命运如何。神示说："不可使他认识自己。"可是谁也不明白这句话的意思。那喀索斯长大成人后，有一天在湖边打猎，喜欢上自己的影子，而对身边的女神厄科（Echo）毫不理睬，以致最后憔悴而死。该神话以悲剧的形式，表达了自我是不可被认识的思想。那么，我们的意识如何认识我们自己和这个世界呢？

可以说，古今中外的哲学家们，一直在试图破解自我之谜。柏拉图认为，人由两个实体构成，即肉体和灵魂。灵魂是高尚的，蕴藏着人世间的一切认识，肉体遮蔽了灵魂。笛卡尔认为，人由身体和心灵两部分组成，"我思故我在"，认为意识是人的心灵的自由创造物。法国庸俗唯物主义把意识说成是人脑的分泌物，直接将其看成是一种物质性的存在。马克思主义哲学以科学的实践观为基础，认为正是人类的实践活动创造了地球上"美丽的花朵"——意识，世界也从此二重化为客观世界和主观世界。那么客观世界和主观世界、物质与意识之间又有着怎样的辩证关系呢？

首先，物质决定意识。其实这部分内容我们已经在"世界的物质统一性"中提到过了，这里再给大家详细解读一下，物质对意识的决定作用表现在意识的起源、本质和作用上。从意识的起源来看，我们前面提到，意识是物质世界长期发展的产物，不仅是自然界，也是人类社会长期发展的产物。意识在自然界中的形成和发展大体经历了三个阶段，即由一切物质所具有的反应特性，到低等生物的刺激感应性，再到高等动物的感觉和心理，最终发展为人类的意识。意识在社会历史中的发展，主要以人类的社会实践，特别是劳动为基础。一方面，劳动为意识的产生和发展提供了客观需要和可能；另一方面，在人们的劳动和交往中形成的语言促进了意识的发展。从意识本质来看，意识是人脑这样一种特殊物质的机能和属性，是客观世界的主观映像。因此，意识在内容

上是客观的，在形式上是主观的，是客观内容和主观形式的统一。我们可以说，意识是物质的产物，但又不是物质本身，马克思就曾经说过："观念的东西不外是移入人的头脑并在人的头脑中改造过的物质的东西而已。"从意识的作用来看，意识依赖于物质并反作用于物质。

其次，意识对物质具有反作用。马克思主义的辩证唯物主义坚持物质决定意识、意识依赖于物质，坚持规律的客观性，同时承认意识对物质有能动作用，反对决定论和宿命论。可以说，意识的能动作用是人的意识所特有的积极反映世界与改造世界的能力和活动。主要表现在以下几点：

第一，意识活动具有目的性和计划性。人在认识客观世界、尊重客观规律的同时，还总是根据一定的目的和要求去确定反映什么、不反映什么，以及怎样反映，从而表现出主体的选择性。马克思曾经说过："最蹩脚的建筑师从一开始就比最灵巧的蜜蜂高明的地方，是他在用蜂蜡建筑蜂房以前，已经在自己的头脑中把它建成了。"人的整个实践过程，就是围绕意识活动所构建的目标和蓝图来进行的。例如我们党在十九大报告中提出，在决胜全面建成小康社会之后，开启全面建设社会主义现代化国家新征程，这个新征程从 2020 年到 21 世纪中叶可以分两个阶段来安排。第一个阶段，从 2020 年到 2035 年，是基本实现社会主义现代化的时期；第二个阶段，从 2035 年到 21 世纪中叶，在基本实现现代化的基础上，把我国建成富强、民主、文明、和谐、美丽的社会主义现代化强国。可以说，这就是国家未来发展的一个宏伟蓝图的规划，有助于引导新时代中国特色社会主义实践的开拓性发展，也集中体现了这种意识活动的目的性和计划性。

第二，意识活动具有创造性。人的意识不仅采取感觉、知觉、表象等形式，反映事物的外部现象，而且运用概念、判断、推理等形式，对感性材料进行加工制作和选择建构，在思维中构造一个现实中所没有的理想世界。这点不难理解，比如人类迄今为止所建造的一些奇特的建筑，悉尼歌剧院、巴黎埃菲尔铁塔等等，都体现了人类意识的创造性。

第三，意识具有指导实践改造客观世界的作用。意识的能动作用不限于从实践中形成一定的思想，形成活动的目的、计划、方法等观念的东西，更重要的在于以这些观念的东西为指导，通过实践使之一步步变为客观现实。这也是习总书记为什么强调，学习贯彻党的十九大精神，要在学懂、弄通、做实上下功夫。因为我们不仅仅要有国家发展的长远战略安排，更重要的是要用这种长远规划来指导我们的实践。

第四，意识具有调控人的行为和生理活动的作用。现代科学和医学实验证明：意识、心理因素能够对人的行为选择和健康状况产生重要影响。俗话说得好，“笑一笑十年少，愁一愁白了头”多少反映了这个道理。

四、科学奋斗——主观能动性与客观规律性的辩证统一

同学们，大家好！在讲今天的课之前，我想先和大家分享一段话，记得法国思想家帕斯卡尔在《思想录》中曾说过：“人只不过是一根苇草，是自然界最脆弱的东西，但他是一根能思想的苇草。要摧毁他，无须全宇宙都伪装起来，一股气，一滴水，都能够致他死命。但是在宇宙摧毁他时，人依然比摧毁者高贵，因为他知道自己死，知道宇宙比他占便宜；而宇宙却毫不知道……我们全部的尊严就在于思想。”同学们，可以说，自然界蕴藏着无穷的伟力，人类在自然界面前是何其渺小，但人类之所以被誉为“万物之灵长”，最根本的就是人类有意识，具有能动地改造世界的能力和智慧。但同时，同学们也思考一个问题，人类的意识活动在改造自然、社会、自我的过程中，是否可以肆意妄为、为所欲为、胡乱作为？我们应该遵循一个什么样的标准呢？

我先给大家讲一个案例。举世闻名的都江堰水利工程是公元前256年，蜀郡守李冰率川西人民，因地制宜，就地取材所修建的系列工程，创造出了独特的治河技术，并建立了一整套防沙治水与维修的严密制度。从此，成都平原“水旱从人，不知饥馑”，被誉为“天府之国”。都江堰水利工程的成功在于，李冰经过长期的观察和资料积累，充分掌握了都江堰的地理、地势、河流及其泥沙等规律和情况，掌握了天地万物赖以存在的根据，因势利导，因地制宜，有针对性地在一定范围内改造自然，最终达到为人类所用并遵循自然的运行法则，实现了工程与周围环境相协调。都江堰经历了2200多年而不衰，成为现存世界上最悠久的灌溉面积最大的水利工程，并于2000年被联合国评为“世

界文化遗产”。

同学们，在这个案例中我们可以看到，人类的意识活动在改造物质世界的过程中，必须处理好主观能动性和客观规律性的关系。一方面，尊重客观规律是正确发挥主观能动性的前提。人们只有在认识和掌握客观规律的基础上，才能正确地认识世界，有效地改造世界。另一方面，只有充分发挥主观能动性，才能正确认识和利用客观规律。承认规律的客观性，并不是说人在规律面前无能为力、无所作为。人能够通过自觉活动去认识规律，并按照客观规律去改造世界，以满足自身的需要。李冰正是在充分认识和掌握自然规律的基础上，发挥主观能动性有针对性地改造自然，最终创造了享誉世界的人类工程史上的奇迹。

那么，在日常生活中，尤其对我们青年大学生来说，如何正确发挥主观能动性，立鸿鹄志，做奋斗者呢？我们应该注意以下三个方面的前提和条件：第一，从实际出发是正确发挥人的主观能动性的前提。只有从实际出发、充分反映客观规律的认识，才是正确的认识；只有以正确的认识为指导，才能形成正确的行动。第二，实践是正确发挥人的主观能动性的基本途径。正确的认识要变为现实的物质力量，只能通过物质的活动——实践才能达到。所以习近平总书记谈到，中华民族的伟大复兴，绝不是轻轻松松、敲锣打鼓就能实现的。全党必须准备付出更为艰巨、更为艰苦的努力。而这种艰苦的努力，其实就是脚踏实地的艰辛实践，就是“撸起袖子加油干！”。第三，正确发挥人的主观能动性，还需要依赖于一定的物质条件和物质手段。“巧妇难为无米之炊”，没有现实的原材料，人的意识再“巧”也创造不出任何物质的东西来。这点很容易理解，我就不给大家多做解释了。

总之，主观能动性和客观规律性辩证统一的原理，体现了唯物论和辩证法的有机结合。它要求我们在认识世界和改造世界的过程中，要遵循按客观规律办事的标准，只有这样才可以因势利导，变不利条件为有利条件，从而正确地发挥人的主观能动性，以达到预期目的。

习近平总书记在2015年中央政治局第二十次集体学习中强调，要学习掌握世界统一于物质、物质决定意识的原理，坚持从客观实际出发制定政策、推动工作。党的十九大报告指出，我国社会主要矛盾的变化，没有改变我们对我国社会主义所处历史阶段的判断，我国仍处于并将长期处于社会主义初级阶段的基本国情没有变，我国是世界最大发展中国家的国际地位没有变，这是当代中国最大的客观实际。准确把握我国进入新时代的新矛盾、新征程、新任务、新目标，使主观世界更好地符合客观实际，按照实际情况决定工作方针，这是我们必须要牢牢记住的工作方法，也是新时代大学生必须要树立的正确奋斗观。

第二节　事物的普遍联系和变化发展

一、宽广视野——事物的普遍联系

同学们，大家好！在讲解完第一章的第一节辩证唯物论的内容后，从今天开始，我们来讲解唯物辩证法的相关内容，它们与第二章的马克思主义认识论同属于马克思主义哲学辩证唯物主义的基本原理；而除此之外，马克思主义哲学还包括第三章的历史唯物主义理论。其实，第一章“世界的物质性及发展规律”，所阐述的辩证唯物论和唯物辩证法主要告诉了我们三句话，即世界是物质的；物质是运动的；物质的运动是有规律的。那么世界上万事万物的运动变化又有着怎样的规律呢？接下来的几讲，我们将带领大家探寻物质运动的奥秘。

在非洲，有一种鸟叫燕千鸟，也被称为“牙签鸟”，爱和凶猛的鳄鱼生活在一起，啄食鳄鱼牙缝中的食物碎屑，而鳄鱼也绝不伤害小鸟，尽情地享受着这种默契。海葵和小丑鱼也有着一种互利共生的关系，海葵有毒刺，能保护小丑鱼不受其他鱼类攻击，小丑鱼能吃海葵消化完的残渣，可以协助海葵清理身体，或当作海葵捕食其他鱼类的“诱饵”。其实，在自然界中，这种互利共生的关系我们还可以举出很多，这说明，事物与事物之间的联系不仅是普遍的，而且是客观存在的。恩格斯在谈到事物普遍联系的“辩证图景”时指出，“当我们通过思维来考察自然界或人类历史或我们自己的精神活动的时候，首先呈现在我们眼前的，是一幅由种种联系和相互作用无穷无尽地交织起来的画面”。

可以说，事物是普遍联系的观点是唯物辩证法的一个总的观点，唯物辩证法认为，世界上的万事万物都处于普遍联系之中，联系是指事物内部各要素之间和事物之间相互影响、相互制约、相互作用的关系。联系具有一系列特点：

首先，联系具有客观性。世界上没有孤立存在的事物，每一种事物都是在与其他事物的联系之中存在的，事物的联系是事物本身所固有的，不是主观臆想的。联系的客观性告诉我们，事物与事物之间的联系不以人的意志为转移，我们在处理这种关系的过程中一定要实事求是，反对脱离客观实际的生活和实践方式。

其次，联系具有普遍性。联系的普遍性有三层含义。其一，任何事物内部的不同部分和要素之间都是相互联系的，也就是说，任何事物都具有内在的结构性。其二，任何事物都不能孤立存在，都同其他事物处于一定的联系之中。其三，整个世界是相互联系的统一整体。可以说，从无机界到有机界，从自然界到人类社会，任何事物都处在普遍联系、交互作用之中。任何事物都是统一的联系之网上的一个网结，并通过这个联系之网体现出联系的普遍性。

再次，联系具有多样性。世界上的事物是多样的，事物之间的联系也是多样的。事物联系的主要方式有直接联系与间接联系、内部联系与外部联系、本质联系与非本质联系、必然联系与偶然联系等。其实这些名词我们在日常生活中也经常用到，在这里我就不给大家多作解释了，正是这些不同的联系构成事物内部和事物之间的存在状态和发展趋势。

最后，联系具有条件性。这里所说的条件，是指对事物存在和发展发生作用的诸要素的总和。其一，条件对事物发展和人的活动具有支持或制约作用。比如有利条件支持和促进事物的发展，不利条件制约和阻碍事物的发展。其二，条件又是可以改变的。人在条件面前并非消极无为，经过努力，可以化不利条件为有利条件，推动事物的发展。其三，改变和创造条件不是任意的。必须尊重事物发展的客观规律，不能强行去改变事物存在和发展的条件，否则就是揠苗助长。

同学们，马克思主义关于事物普遍联系的原理，要求我们要善于分析事物的具体联系，确立整体性、开放性的思想观念，学会从动态中考察事物的普遍联系。就个人来说，要拥有宽广的视野，我们都是社会中的一员，要以一种包容、开放的态度，尊重他者、服务社会；就国家来说，当今世界的经济全球化像一张密密的关系之网，将所及之处紧密联系在一起。在这样的时代潮流下，中国人民的梦想同各国人民的梦想息息相通，实现中国梦离不开和平的国际环境和稳定的国际秩序。习近平总书记于7月25日应邀出席在南非约翰内斯堡举行的金砖国家工商论坛时强调："当今世界正面临百年未有之大变局。对广大新兴市场国家和发展中国家而言，这个世界既充满机遇，也存在挑战。我们要在国际格局演变的历史进程中运筹金砖合作，在世界发展和金砖国家共同发展的历史进程中谋求自身发展，在'金色十年'里实现新的飞跃。"这就是一种普遍联系的观点，只有以这种观点为指导，我们才能树立世界眼光，高瞻远瞩、未雨绸缪，把握世界发展进程中各方面的相互联系，提高自身驾驭各种联系的能力，抓住机遇，快速发展自己。

二、动态观念——事物的变化发展

同学们，在讲解今天的内容之前，我先请大家回忆一个小故事——刻舟求剑。相传，楚国有个渡江的人，他的剑从船里掉到水中，他立即在船边上刻了个记号，说："这儿是我的剑掉下去的地方。"等船停了，这个楚国人从他刻记号的地方下水寻找剑，他还能找到吗？当然不能。因为船已经前进了，但是剑不会随船前进，像这样找剑，不是很糊涂吗？我们说他犯了一个很重要的错误，就是没有用发展的眼光看问题。

"不是我不明白，只是这个世界变化太快。"那么什么是事物的变化发展？事物的变化发展又有着怎样的趋势？在这个快节奏，每时每刻都在发生变化的时代，我们该如何把握事物的发展过程，更好地掌控自己的命运呢？同学们，今天我们就为大家讲解唯物辩证法的另一个总观点，即事物变化发展的观点，它与联系的观点共同体现了唯物辩证法的总特征。我们主要从以下三个方面来进行讲解：

首先，何谓发展？从上次课我们知道了，世界上的一切事物都处于普遍联系之中，而事物的相互联系包含事物的相互作用，而相互作用必然导致事物的运动、变化和发展。事物之间相互作用的结果，是使事物原有的状态和性质发生程度不同的变化，这些变化都是发展吗？我们说，不是的。这里要注意把握发展的四层含义：第一，发展不是一般的运动，而是前进的、上升的运动；第二，一定形式的运动都意味着一定的变化，但变化的基本趋势才是发展；第三，发展的实质，是新事物的产生和旧事物的灭亡；第四，事物的发展是一个过程。可以说，发展的这四层含义是有机的整体，只有从整体上把握这四层含义及其之间的关系，人们才能把握事物的规律，有效地促进社会发展，提高自身的素质。

改革开放以来，我们党对我国社会主义现代化建设作出了战略安排，提出“三步走”的战略目标。目前，人民温饱问题、人民生活总体上达到小康水平这两个目标已提前实现。在这个基础上，我们党提出，到建党一百年时建成经济更加发展、民主更加健全、科教更加进步、文化更加繁荣、社会更加和谐、人民生活更加殷实的小康社会；然后再奋斗三十年，到新中国成立一百年时，基本实现现代化，把我国建成富强、民主、文明、和谐、美丽的社会主义现代化强国。这个从站起来、富起来到强起来的过程，就是一个前进的、上升的变化趋势，就是一个新的任务、新的目标不断产生和旧的目标、旧的矛盾不断完成和解决的过程，是中国特色社会主义现代化建设逐步发展的光辉历程。

其次，事物发展的实质是什么？唯物辩证法认为，发展的实质是新事物的产生和旧事物的灭亡。这里的新事物是指合乎历史前进方向、具有远大前途的东西；旧事物是指丧失历史必然性、日趋灭亡的东西。新事物必然会战胜旧事物，这是因为：第一，就新生事物的性质而言，它符合客观规律，它的要素、结构和功能，都适应已经变化了的环境和条件，具有旺盛的生命活力。因此，在同日趋衰亡的旧事物的较量中，一定会取得胜利；第二，就新事物与旧事物的关系而言，新事物在成长的过程中，既否定了旧事物中消极腐朽的东西，又保留了旧事物中合理的、适应新条件的因素，并添加了旧事物所不能容纳的新内容，具有比旧事物更大的发展优势；第三，在社会历史领域里，新事物是社会上先进的、富有创造力的人们创造性活动的产物，它从根本上符合人民群众的利益和要求，能够得到人民群众的拥护，因而必然战胜旧事物。在这里给大家举个例子，袁世凯称帝，是中国近代史上的一出政治闹剧。辛亥革命后，袁世凯逼清帝溥仪退位，趁机窃取革命果实，成为中华民国临时大总统。1915 年 12 月 12 日，袁世凯逆历史潮流而动，建立了中华帝国，遭到全国人民反对，多方势力讨伐。1916 年 3 月 22 日，称帝仅 83 天的袁世凯被迫宣告退位，不久忧惧而死。从这个事例中，我们可以看到新事物是从根本上符合人民群众的利益和要求的，它战胜旧事物的力量势不可挡。

再次，事物的发展是一个过程，只有经过一定的过程，事物才能实现自身的发展。恩格斯曾指出，“世界不是既成事物的集合体，而是过程的集合体”。自然界、人类社会和思维领域中的一切现象都是作为一个过程而向前发展的。比如十九大报告所提出的：“从十九大到二十大，是‘两个一百年’奋斗目标的历史交汇期。我们既要全面建成小康社会、实现第一个百年奋斗目标，又要乘势而上开启全面建设社会主义现代化国家新征程，向第二个百年奋斗目标进军。”这其中就蕴含着事物发展过程性的哲学思维。

同学们，作为新时代的青年大学生，我们应树立一种动态发展观，中国特色社会主义初级阶段的发展历程是漫长的，但我们看到了中华民族伟大复兴的希望；同样的，人生不是百米竞技，而是一场漫长的马拉松比赛，但只要坚信事物发展的基本趋势和实质，我们终将战胜各种困难，破茧成蝶，成就心目中理想的自我。

三、发展动力——对立统一规律

同学们好！上节课学习了联系和发展的基本环节，大家有没有进一步思考，什么是事物联系和发展的内在动力呢？今天所学的对立统一规律将揭示答案。

毛泽东在《矛盾论》开篇指出：“事物的矛盾法则，即对立统一的法则，是唯物辩证法的最根本的法则。”对立统一规律是唯物辩证法的实质与核心，从根本上回答了事物为什么会发展的问题。学习这一规律，首先需要明晰矛盾的含义，提到矛盾，很多同学会想起出自《韩非子》的“自相矛盾”的故事。特别提醒同学们注意的是，这个故事中的“矛盾”指的是人们说话前后不一，互相冲突，属于逻辑矛盾。唯物辩证法所讲的矛盾是反映事物内部和事物之间对立统一关系的哲学范畴，属于辩证矛盾，不能将两者混为一谈。

接下来，在矛盾同一性和斗争性原理中，要把握矛盾的两种基本属性。先来说说矛盾的对立属性，这一属性又叫斗争性，指的是矛盾着的对立面相互排斥、相互分离的性质和趋势。比如，市场上的卖方和买方。作为消费的买方来说，希望商品物美价廉，作为销售的卖方来说，希望商品卖价越高越好。此外，学习中的苦与乐、生活中的善与恶、自然界中的排斥与吸引等各个领域都表现矛盾的对立属性，这一属性是无条件的、绝对的，也是显而易见的。

某岛上的牧民正是看到狼与驯鹿的矛盾斗争性，才决定将狼斩尽杀绝，以保障驯鹿的健康成长。灭狼之后，小岛一度成为驯鹿的天堂。然而，好景不长，失去狼追赶的鹿群，体质大幅下降，最终大批驯鹿死亡。为什么牧民们会事与愿违呢？原因在于牧民忽视了矛盾的统一属性，又叫同一性，指的是矛盾的双方相互依存、相互贯通的性质和趋势。这一属性可以从两方面理解，一方面，矛盾着的对立面相互依存，互为存在的前提，并且共处于一个统一体中。从刚才分享的故事中可以看出，岛上狼的存在起到提高鹿群体质、优胜劣汰的作用，狼与驯鹿相互依存，当牧民明白这个道理后，决定引狼入岛，不久之后，驯鹿健康发展起来了。另一方面，矛盾的同一性体现为矛盾着的对立面相互贯通，在一定条件下可以相互转化。古文《为学》中说道：“天下事有难易乎？为之，则难者亦易矣；不为，则易者亦难矣。”难与易是矛盾的对立面，这一对立面可以相互转化，但是，转化是有条件的，在这句古文中，条件就是“为”与“不为”。大家熟悉的“塞翁失马，焉知非福”的故事，也体现着矛盾同一性的这层含义。

矛盾的同一性和斗争性相互联结、相辅相成，在事物发展过程中共同发生作用，构成事物的矛盾运动，推动事物的发展。正如马克思所说："假如没有小偷，锁会达到今天这样完善吗？假如没有假钞票，钞票的制造会这样精美吗？"所以说，矛盾是事物发展的动力和源泉。

运用矛盾同一性和斗争性原理指导实践，要正确把握和谐对事物发展的作用。党的十九大明确指出，我们要建设的现代化是人与自然和谐共生的现代化，要牢固树立社会主义生态文明观，践行绿水青山就是金山银山的理念，为建设美丽中国作出努力。

此外，同学们还要掌握矛盾的普遍性和特殊性辩证关系原理。矛盾的普遍性是指矛盾存在于一切事物中，存在于一切事物发展过程的始终，旧的矛盾解决了，新的矛盾又产生，事物始终在矛盾中运动。自然领域的吸引与排斥，社会领域的竞争与合作，思维领域的意见分歧，等等，都存在矛盾，应该说，矛盾无所不在，无时不有，这是无条件的、绝对的。任何时候都不能逃避和忽视矛盾，而是要承认和分析矛盾。

另一方面，矛盾具有特殊性，指的是各个具体事物的矛盾、每一个矛盾的各个方面在发展的不同阶段上各有其特点。这是世界上事物千差万别的内在原因。正如毛主席所说："如果不研究矛盾的特殊性，就无从确定一事物不同于他事物的特殊的本质，就无从发现事物运动发展的特殊的原因，或特殊的根据。"就我们国家来说，有自身的国情与特点，必须坚持和发展中国特色社会主义，这是改革开放以来我们党的理论和实践的鲜明主题，也是习近平新时代中国特色社会主义思想的核心要义。

矛盾的普遍性和特殊性有着怎样的关系呢？两者辩证统一。矛盾的普遍性又叫矛盾的共性，矛盾的特殊性又叫矛盾的个性。任何现实存在的事物的矛盾都是共性和个性的有机统一，共性寓于个性之中，没有离开个性的共性，也没有离开共性的个性。矛盾普遍性和特殊性辩证关系原理是马克思主义普遍真理同各国具体实际相结合的哲学基础。习近平新时代中国特色社会主义思想，实现了马克思主义基本原理与中国具体实际相结合的又一次飞跃，为发展马克思主义作出了中国的原创性贡献。

最后，和同学们分享一句名言，巴尔扎克说："苦难对于天才是一块垫脚石，对于能干的人是一笔财富，对于弱者是一个万丈深渊。”在人生的道路上，苦难与挫折具有普遍性，但是，我希望同学们能够看到自身的独特性，不忘初心，砥砺前行。

四、发展状态——量变质变规律

同学们好！上节课学习了对立统一规律，大家有没有进一步思考，事物的矛盾运动表现为什么呢？今天所学的量变质变规律将揭示答案。

掌握这一规律，首先要了解基本概念。任何事物都包括量、质、度三方面的规定性。先来说说什么是量。量指的是事物的规模、程度、速度等可以用数量关系表示的规定性。比如，咱们班的总人数，每位同学的年龄、身高、体重、学习成绩，都可以用数量关系表示，体现了事物的量。那么，什么是质呢？质指的是一事物区别于其他事物的内在规定性，是事物的本质。比如，动物和人，两者是有本质区别的：人能够利用、制造和使用工具进行劳动，人能够在意识的指导和支配下创造、创新，进行实践活动，这些动物都无法做到，体现了人区别于动物的内在规定性。事物的量和质的统一在度中得到体现。度是保持事物质的稳定性的数量界限，也叫作事物的限度、幅度和范围，度的两端叫关节点或临界点，超出度的范围，此物就转化为他物。

接下来，什么是量变呢？量变指的是事物数量的增减和组成要素排列次序的变动，是保持事物质的相对稳定性的不显著变化。从这个概念中可以看出，量变有两种形式：一是事物数量的增减。俗话说：冰冻三尺，非一日之寒。冰冻的尺数体现事物数量的增减，但是，无论冰冻数量如何变化，冰仍然是冰，它的性质没有变化，就属于量变。量变的第二种形式是事物组成要素排列次序的变动。比如，电脑里文件的排列，可以按照名称、大小、类型、修改时间进行不同排列，无论文件的排列次序如何变动，仍然是那些文件，保持了它的相对稳定性，也属于量变。什么是质变呢？质变是事物性质的根本变化，是事物由一种质态向另一种质态的飞跃。中华人民共和国的成立，使中国由半殖民地半封建社会转变为新民主主义社会，体现为事物的质变。量变和质变是事物变化的两种基本状态与形式。

接下来，我们需要进一步思考，量变与质变是什么样的关系呢？两者是辩证的关系，表现在三个方面：第一，量变是质变的必要准备。任何事物的变化都有一个量变的积累过程，没有量变的积累，质变就不会发生。思想家荀子提到："不积跬步，无以至千里；不积小流，无以成江海。"学习也是如此，正如陶渊明所说："勤学如春起之苗，不见其增，日有所长；辍学如磨刀之石，不见其损，日有所亏。"所以，在求知的道路上，一定要注重量的积累，也要相信总有一天会破茧成蝶，因为质变是量变的必然结果。也就是说，单纯的量变不会永远持续下去，量变达到一定程度必然引起质变，这是两者辩证关系的第二个表现。常言道"一趾之疾，丧七尺之躯，蝼蚁之穴，溃千里之堤"，就蕴含这个哲理。第三，量变和质变相互渗透。在总的量变过程中有阶段性和局部性的部分质变，在质变过程中也有旧质在量上的收缩和新质在量上的扩张。五四运动开启了中国新民主主义革命的序幕，这是中国民主革命总过程中的阶段性和局部性的部分质变，在之后的新民主主义革命过程中，代表人民利益的中国共产党力量不断壮大，有力打击了落后、腐朽的旧势力，也正是因为新质在量上的扩张，旧质在量上的收缩，最终中国共产党带领着中国人民赢得了民族独立和人民解放。

量变和质变相互贯通，量变引起质变，在新质的基础上，事物又开始新的量变，如此交替循环，构成了事物的发展过程。量变与质变的相互作用、相互转化构成了量变质变规律，这一规律表现着事物的矛盾运动，揭示了事物发展的状态和过程，对于人们的认识和实践活动具有重要指导意义。101 年来，中国共产党人不忘初心、牢记使命，通过新民主主义革命、社会主义革命、社会主义建设和改革开放新的伟大革命不断推进社会发展，创造了一个又一个的人间奇迹。现如今，党的十九大明确了从 2020 年到 21 世纪中叶的 30 年，全面建设社会主义现代化国家的两个阶段安排，为党和国家事业进一步发展指明前进方向。

最后，和同学们分享一句《周易》中的话："天行健，君子以自强不息；地势坤，君子以厚德载物。"让我们以永不懈怠的精神状态和一往无前的奋斗姿态，向着伟大目标奋勇前进吧。

五、发展道路——否定之否定规律

同学们好！上节课学习了量变质变规律，这一规律揭示了事物发展的状态和过程。大家有没有进一步思考，什么规律揭示了事物发展的方向和道路呢？今天所学的否定之否定规律将揭示答案。

掌握这一规律，需要先理解基本概念，什么是肯定因素，什么是否定因素。维持现存事物存在的因素就是肯定因素，促使现存事物灭亡的因素就是否定因素。任何事物内部都包含肯定和否定因素，我们往往注意到两者的对立，容易忽视两者的统一。从辩证法的角度看，肯定与否定既对立又统一。正如黑格尔所说："肯定的东西与否定的东西本质上是彼此互为条件的。"从方法论的角度看，一方面，要善于从肯定中看到否定因素，对于一个国家而言，应做到《易经》中所说的："安而不忘危，存而不忘亡，治而不忘乱。"另一方面，也要善于从否定中看到肯定因素，要有积极面对和战胜困难的乐观精神。

把握肯定与否定的辩证关系，有利于理解辩证的否定观，这是与形而上学否定观相对立的一种哲学观点。包括四个方面的基本内容：第一，从动力来说，否定是事物的自我否定，是事物内部矛盾运动的结果，而不是外力作用的结果。比如，破茧成蝶，这是毛虫的自我否定。第二，从结果来说，否定是事物发展的环节。当否定因素在事物内部的矛盾运动中取得支配地位时，旧质就会向新质飞跃，旧事物就转变为新事物，发展中产生的新事物是通过否定实现的。就通信工具来说，从寻呼机到手机的飞跃，让人们的生活更加便捷。需要注意的是，新事物的孕育和产生都来自旧事物，所以，否定不是对旧事物的简单抛弃，而是将新旧事物联系起来，否定是事物联系的环节，这是辩证否定观的第三个方面内容。第四，从实质来说，辩证否定就是"扬弃"，即新事物对旧事物既批判又继承，既克服其消极因素又保留其积极因素。智能手机就是对前几代手机的扬弃。

辩证的否定观具有重要的方法论意义，要求我们对一切事物采取科学分析的态度，既不能全盘肯定，也不要盲目否定。就我国的文化建设而言，在新的时代条件下，坚定文化自信，推动社会主义文化繁荣发展，必须正确处理

“守”和“变”、“中”和“外”的关系，做到不忘本来，吸收外来，面向未来，更好地构筑中国精神、中国价值和中国力量。

从事物的辩证发展过程上看，必然经过肯定——否定——否定之否定三个阶段。第一次否定使矛盾得到初步解决，而处于否定阶段的事物仍然具有片面性，还要经过再次否定，即否定之否定，实现对立面的统一，使矛盾得到根本解决。比如，交通工具动力的发展，从第一次工业革命以后，经历了蒸汽阶段——内燃阶段——电气、自动化阶段。英国人詹姆斯·瓦特制造出第一台有实用价值的蒸汽机，开辟了人类利用能源的新时代，这一阶段出现了蒸汽火车、蒸汽汽车、蒸汽轮船等交通工具。但是，蒸汽机体积庞大、热效率较低，随后，内燃机的产生使矛盾得到初步解决。可是，内燃机仍然具有污染环境等片面性，还要经过再次否定，即否定之否定，电动机的产生使交通工具有了清洁能源。

事物的发展就是经过两次否定、三个阶段，形成一个周期，在此之后，循环往复。需要注意的是，周期循环不是简单地做圆圈运动，而是呈现出前进性，因为每一次否定都是质变，前一个周期的终点是下一个周期的起点。然而，前进过程并不一定是一帆风顺的，其中也会有暂时的停顿甚至倒退，由此构成事物从低级到高级、从简单到复杂的波浪式前进或螺旋式上升。

否定之否定规律揭示了事物发展的前进性与曲折性的统一，这一原理对于人们的认识和实践活动具有重要指导意义。几千年的人类社会发展史表明，每一个新生的社会制度，都有一个从不成熟到逐步成熟、从不完善到逐步完善的发展过程，在这个过程中，有的要经历反复多次的危机。社会主义的发展也是如此，不可能一帆风顺、一蹴而就，虽然会历经曲折，但是，不断前进的历史趋势不会改变。我们要坚定共产主义理想信念，坚定走中国特色社会主义道路，又要做好克服各种困难的准备。每一个人的人生道路也是如此，只有不断认识自我，改变自我，战胜和超越自我，不畏劳苦，勇于攀登，一次次地破茧成蝶，才有希望达到光辉的顶点。

最后，和同学们分享毛主席的一句话：“前途是光明的，道路是曲折的，全体人民团结起来，共同努力，一定能够排除万难，达到胜利的目的。”

第三节　唯物辩证法是认识世界和改造世界的根本方法

一、认识方法——矛盾分析法

同学们好！恩格斯指出："马克思的整个世界观不是教义，而是方法。"在唯物辩证法的方法论体系中矛盾分析法居于核心地位，是我们认识事物的根本方法，内容广泛而深刻。下面，就从对立统一规律中认识几种主要的矛盾分析法。

第一，全面的、一分为二的方法。矛盾具有普遍性和客观性，在方法论上要求承认矛盾，全面分析矛盾，既要看到矛盾双方的对立，又要看到矛盾双方的统一，坚持用全面的观点，一分为二地看问题，反对片面看问题，反对顾此失彼。毛泽东在《论持久战》中客观、全面地分析了中日双方的力量对比和利弊得失，以极强的说服力批驳了亡国论和速胜论思潮，统一了人们的思想；习近平总书记强调："发展社会主义市场经济，既要发挥市场作用，也要发挥政府作用……'看不见的手'和'看得见的手'都要用好。"在分析国内外形势时，既看到国际国内形势中有利的一面，也看到不利的一面；既看到自身的优势，也看到面临的困难和问题。这些都是矛盾分析法的运用。我们对待身边的人、事、物也要如此。

第二，具体问题具体分析的方法。矛盾具有特殊性，在方法论上要求坚持具体问题具体分析，反对千篇一律。毛泽东在《矛盾论》中指出："马克思主义的最本质的东西，马克思主义的活的灵魂，就在于具体地分析具体的情况。"在实践中，如果没有把握住马克思主义的活的灵魂，一刀切式地处理问题，就会陷入危难甚至灭亡。就中国革命而言，以城市为中心的暴力革命，在俄国取得成功，在中国却遭遇挫折，危难之际，以毛泽东为代表的中国共产党人反对教条主义，坚持从中国革命的实际情况出发，探索出农村包围城市，武装夺取政权的革命新道路，使中国革命开始走向复兴。

需要强调的是，矛盾普遍性和特殊性辩证关系原理，要求我们在矛盾普遍性原理的指导下，具体分析矛盾的特殊性，实现两者统一。既要反对只看到矛盾的普遍性，忽视矛盾的特殊性，看不到事物之间的差别；又要反对只看到矛盾的特殊性，忽视矛盾的普遍性，看不到万事万物的联系。40多年前，邓小平同志以超凡的智慧和胆略提出“一国两制”的科学构想，香港、澳门回归祖国使这一构想变成生动现实，展现出强大的生命力，这是中国的伟大创举，是中华民族为世界和平与发展作出的新贡献。当前，“一国两制”事业正站在新的历史起点上，要把坚持“一国”原则和尊重“两制”差异有机结合起来，一方面，做到坚守一国之本，习近平总书记强调：“‘一国’是根，根深才能叶茂；‘一国’是本，本固才能枝荣。”另一方面，要实现两制和谐相处，相互促进，把实行社会主义制度的内地建设好，把实行资本主义制度的香港、澳门建设好。

第三，“两点论”与“重点论”相结合的方法。主要矛盾与次要矛盾辩证关系，矛盾的主要方面和矛盾的次要方面辩证关系，在方法论上要求坚持“两点论”与“重点论”相结合。所谓重点论，就是在认识复杂事物的发展过程时，要着重把握它的主要矛盾；在认识某一矛盾时，要着重把握矛盾的主要方面。在认识和实践中要善于抓重点、抓本质、抓主流。所谓两点论，就是在认识复杂事物的发展过程中，既要看到主要矛盾，又要看到次要矛盾；在认识某一矛盾时，既要看到矛盾的主要方面，又要看到矛盾的次要方面。重点是两点中的重点，两点是重点中的两点。在分析、解决和处理问题时，要坚持两点论和重点论的统一，反对不分主次的均衡论，反对只抓重点的一点论。

不仅如此，当矛盾的主次地位发生变化，事物发展进入新阶段时，要求坚持发展的观点，分析矛盾动态，找出新的主要矛盾，及时转移重心，防止思想僵化。

认识和解决主要矛盾，突出重点、兼顾一般，是中国共产党人世界观和方法论的体现。在中国革命战争中，时而阶级矛盾成为主要矛盾，时而民族矛盾成为主要矛盾。以毛泽东为代表的中国共产党人运用矛盾分析法，领导我党、我军适时地进行战略调整，顺利实现了由土地革命战争到抗日战争、再到解放战争的转变。现如今，习近平新时代中国特色社会主义思想明确了新时代我国社会的主要矛盾，是人民日益增长的美好生活需要和不平衡、不充分的发展之间的矛盾，指明了解决当代中国发展问题的根本着力点，该思想涵盖改革发展稳定、内政外交国防、治党治国治军各个领域，为新时代条件下坚持和发展中国特色社会主义提供了科学的理论指引。

最后，和同学们分享从孙中山先生遗嘱中提炼的一句话："革命尚未成功，同志仍需努力。"的确，新时代的大幕已经拉开，新征程的号角已经吹响，同学们要自觉运用矛盾分析法研究和解决问题，奋力走好新时代的长征路。

二、认识能力——在实践中不断增强思维能力

同学们好！人生是一个不断"学思悟行"的过程，学习唯物辩证法，不仅是学原理，更重要的是掌握科学的思维方法，在实践中培养、提升和运用思维能力，这是人生道路的金钥匙，也是我们一生的智慧与财富。下面，就来认识几种重要的思维能力。

首先，在实践中要增强辩证思维能力，就是从事物相互联系、相互作用的关系出发，分析矛盾、抓住关键、找准重点、洞察事物发展规律的能力。习近平总书记指出，"改革开放是一个系统工程……要更加注重各项改革的相互促进、良性互动，整体推进，重点突破"。在经济发展与生态环境问题上，要处理好两者之间的关系，着力解决突出环境问题。党的十九大报告揭示了新时代我国社会的主要矛盾，坚持以人民为中心的发展思想，这些重要论断都是辩证思维能力的集中体现。从我国社会实际状况出发，抓住重点，带动全面，统筹兼顾，是我们党和政府一贯倡导和坚持的方法论。当然，这种能力的培养与提升不是一蹴而就的，需要我们认真学习辩证唯物主义，在实践中客观、全面、准确地认识和把握事物，才能抓住重点，认清本质。

将辩证思维与历史眼光相结合，就是我们要认识的第二种思维能力——历史思维能力，这是一种以史为鉴、知古鉴今，善于运用历史眼光认识发展规律、把握前进方向、指导现实工作的能力。习近平总书记指出："纵观世界历史，依靠武力对外侵略扩张终都是要失败的，这是历史规律。""走和平发展道路，是中华民族优秀文化传统的传承和发展，也是中国人民从近代以后苦难遭遇中得出的必然结论。"历史还告诉我们，得民心者得天下，失民心者失天下，"任何时候、任何情况下，与人民同呼吸共命运的立场不能变，全心全意为人

民服务的宗旨不能忘”，这些都体现出深邃的历史思维，给予深刻的思想启迪。我们应当不断加强党史、国史、社会主义发展史和世界历史的学习，在对历史的深入思考中总结经验、把握规律，在实践中不断培养和提升历史思维能力。

其次，说说系统思维能力，系统思维能力就是从事物相互联系的各个方面及其结构和功能进行系统思考的能力，就是全面系统地分析和处理问题的能力。提高系统思维能力，就是要坚持系统观念，用系统思维的方法分析和处理问题。系统思维以确认事物的普遍有机联系为前提，进而具体把握事物的系统存在、系统联系与系统规律，遵循以整体性、结构性、层次性、开放性和风险性等为基本内容的思维原则，目的是从整体上把握事物并实现事物结构与功能的优化。

再次，说说战略思维能力，这一能力强调的是思维的整体性、全局性、长期性，是高瞻远瞩、统揽全局、善于把握事物发展总体趋势和方向的能力。习近平总书记强调，要树立大局意识，就是从整体、全局出发对事态进行综合考量和谋划，要求做到认清大局、看透大局、服务大局、贡献大局。党的十九大报告从全局高度和长远角度明确了中国特色社会主义发展的总任务和战略规划，明确了全面深化改革和推进依法治国的总目标，明确了中国特色大国外交目标是推动构建人类命运共同体，这些重要论断都是战略思维能力的集中体现。那么，在实践中如何培养和提升战略思维能力呢？要做到“四个必须”：必须站在全局高度上，做到透过现象看本质；必须紧跟时代前进步伐，做到与时俱进；必须既立足当前又放眼长远，既熟悉国情又把握世情，做到战略上轻重有序、缓急有度，原则上旗帜鲜明、立场坚定；必须坚持实践检验标准，做到心中有大局、行动践大局。

此外，在实践中还要增强底线思维能力，所谓底线，就是不可逾越的界限，超越界限，事物就会发生质变。这种能力强调的是根据现实需要和客观条件，划清并坚守底线，尽力化解风险，避免最坏结果，同时争取实现最大期望值。在实践中，一方面，思想上要明底线，行动上要守底线。比如，在两岸关系问题上，任何时候都要毫不动摇地坚持一个中国原则，不能突破国家主权的底线；在民生问题上，必须多谋民生之利，多解民生之忧，不能突破民生保障的底线；在生态文明建设上，必须树立绿水青山就是金山银山的理念，不能突破环境保护的底线；在党风建设上，要时刻防止不正之风和腐败侵蚀，不能突破清正廉洁的底线。另一方面，要增强前瞻意识，居安思危、未雨绸缪，积极研判风险，做好应对预案，在此基础上，用行动化解风险，争取最好结果，这样才能有备无患，把握主动。

最后，在实践中要增强创新思维能力，这是一种超越过时的陈规，善于因时制宜、知难而进、开拓创新的能力。习近平总书记强调："创新是一个民族进步的灵魂，是一个国家兴旺发达的不竭动力。""在激烈的竞争中，惟创新者进，惟创新者强，惟创新者胜。"正是因为抓住创新这个关键词，我国的华为、联想、美的，这些曾经名不见经传的民营企业，在较短时间内发展成为世界 500 强企业，创造了中国乃至世界企业发展史上的奇迹！如何培养和提升创新思维能力呢？可以从三个方面着手：在方向上，要突破思维枷锁，克服和摆脱思维的习惯性和单一性，锻炼批判性、逆向性和变通性的思维品质；在广度上，要拓展思维视角，增强问题意识，锻炼发散性的思维品质；在速度上，要提高思维速率，锻炼敏锐性的思维品质。创新不仅要出奇制胜，还要以快制胜，占得先机。

孔子曰："学而不思则罔，思而不学则殆。"因学而知，因思而明，因悟而通，因行而成。希望同学们不断学习与思考，在实践中培养和提升科学思维能力，用这把无形的宝剑斩断成长道路上的荆棘。

第三部分　教学拓展

一、课后思考

1. 如何理解马克思主义的物质观及其现代意义？

2. 在追求中国梦过程中，如何把握主观能动性和客观规律性的辩证关系？

3. 结合所学的马克思主义基本原理，谈谈你对继承和弘扬中华优秀传统文化重要性的认识。

4. 运用唯物辩证法相关原理，说明以人类命运共同体理念指导战"疫"的重要意义。

二、备课参考

1. 马克思、恩格斯：《德意志意识形态》（节选）第一卷第一章，《马克思恩格斯选集》第1卷，人民出版社2012年版。

2. 列宁：《国家与革命》第一章、第五章，《列宁选集》第3卷，人民出版社2012年版。

3. 列宁：《共产主义运动中的“左派”幼稚病》（节选），《列宁选集》第4卷，人民出版社2012年版。

4. 习近平：《纪念马克思诞辰200周年大会在京举行　习近平发表重要讲话》，2018年5月4日。

5. 习近平：《习近平谈治国理政》第二卷，外文出版社2017年版。

6. 习近平：《习近平谈治国理政》第一卷，外文出版社2018年版。

7. 习近平：《习近平谈治国理政》第三卷，外文出版社2020年版。

8.《〈马克思主义基本原理概论〉辅导用书》，高等教育出版社2020年版。

9. 习近平：《在庆祝中国共产党成立100周年大会上的讲话》，人民出版社2021年版。

10. 中共中央：《中共中央关于党的百年奋斗重大成就和历史经验的决议》（2021年六中全会决议），人民出版社2021年版。

三、实践活动

（一）实践活动主题

“学原理、读经典、看现实”

（二）实践活动目的

提高学生运用马克思主义基本原理观察问题、分析问题和解决现实问题的能力。

（三）实践活动任务

1. 经典阅读：选取下面所推荐著作中的一项或一篇进行重点阅读。

（1）毛泽东的《矛盾论》

（2）习近平的《习近平谈治国理政》（第一卷）（任选其中的 1 篇）

（3）习近平的《习近平谈治国理政》（第二卷）（任选其中的 1 篇）

（4）习近平的《习近平谈治国理政》（第三卷）（任选其中的 1 篇）

2. 访谈调查：围绕所关注的社会现实问题，任选下列一个题目，利用访谈方式进行实践调查。

（1）新时代青年大学生如何发扬“抗疫精神”

（2）新时代青年大学生如何担负时代责任向建党 100 周年献礼

（3）新时代青年大学生如何树立科学精神和人文精神

（4）新时代青年大学生如何成为德智体美劳全面发展的社会主义建设者和接班人

（5）新时代青年大学生如何将个人理想融入社会理想、将个人梦融入中国梦

3. 完成作业：在实践调查的基础上，完成 1500 字左右的调研作业。

（四）实践活动要求

必须运用教材中的相关马克思主义基本原理，必须引用所选读的马克思主义经典著作文献，必须联系所关注的社会现实问题。同时要求观点正确、格式规范、逻辑性强、字迹清楚。

（五）实践作品形式

小论文。

（六）实践成果呈现格式

所选择阅读的马克思主义经典著作文献：

1. 选择该题目和进行该项调查的重要意义。

2. 结合马克思主义基本原理对所调查问题进行分析。

3. 从马克思主义经典阅读中汲取对该问题的启示。

4. 大学生在其中需要扮演的角色、能够发挥的作用、需要承担的责任。

5. “学原理、读经典、看现实”主题实践感言。

第二章　实践与认识及其发展规律

第一部分　教学概况

本章概述	本章主要包含了三方面的内容：第一节实践与认识；第二节真理与价值；第三节认识世界和改造世界。
学时安排	理论学时4学时（含课堂活动）
教学目的与教学目标	本章的教学目的是引导和帮助学生学习马克思主义的实践观、认识论和价值论的基本观点，掌握实践、认识、真理、价值的本质及其相互关系，树立实践第一的观点，确立正确的价值观，在改造客观世界的同时改造主观世界，努力实现理论创新和实践创新的良性互动。 本章教学目标包括知识、价值、能力三个目标。 知识目标：引导学生准确理解科学的实践观、能动的反映论、实践是认识的基础、认识的本质及发展规律等理论知识，全面认识真理的客观性、绝对性和相对性的真理属性，正确认识真理与价值的辩证统一、认识世界和改造世界、认识论与思想路线之间的辩证关系。 价值目标：引导学生树立马克思主义价值观，正确处理真理与价值的关系，坚持科学精神与人文精神的统一。 能力目标：引导学生学会运用马克思主义认识论相关原理进行案例分析，提高学生运用相关哲学原理观察、分析和解决现实问题的能力。

本章 教材分析	在前面对整个世界进行既唯物又辩证认识的基础上，本章主要对人类思维领域进行既唯物又辩证的分析。只有从理论上唯物地看待人的认识问题，才能与唯心主义认识论划清界限；也只有从理论上既唯物又辩证地看待人的认识问题，才能与机械唯物主义认识论划清界限。 教材在“实践与认识”内容的基础上，对“真理与价值”进行了较多分析，尤其对于真理与价值的辩证统一，以及树立正确的价值观，进行了充分阐述。这部分内容除了在理论体系上指导帮助学生形成知识体系外，进一步强调了价值引领，这对学生树立正确价值观，具有重要指导意义。 本章内容很好地融入了习近平新时代中国特色社会主义思想。其中，教材在真理尺度与价值尺度辩证统一部分提到了“新时代中国特色社会主义的伟大实践，充分体现了真理尺度与价值尺度的辩证统一”。教材在讲到一切从实际出发时，提到了：“在当代中国，一切从实际出发，就是一切要从中国特色社会主义进入了新时代这个我国发展新的历史方位出发。”教材在讲到理论创新与实践创新时，提到了：“习近平新时代中国特色社会主义思想源于实践又指导实践，是中国特色社会主义理论创新与实践创新良性互动的智慧结晶，为新时代坚持和发展中国特色社会主义、推进党和国家事业提供了基本遵循和行动指南。”
教学 重点难点	教学重点： 1. 认识的本质及发展规律； 2. 真理与价值的辩证统一。 教学难点： 1. 真理的客观性、绝对性和相对性； 2. 真理与价值的辩证统一。
教学设计	采用线上和线下混合式教学方法。本课程线上教学在中国大学 MOOC 平台。 线下教学专题： 1. 马克思主义集体主义价值观的力量与优势； 2. 实现理论创新和实践创新的良性互动。

第二部分　教学转化

第一节　实践与认识

【教学导入】（导学——我们的认识从哪里来）

同学们好！我们开始第二章的学习，第二章讲的是实践与认识及其发展规律，这一章属于辩证唯物主义认识论。在前面第一章的学习中，我们看到了世界是统一于物质的，物质是世界的本原，这是马克思主义唯物论的基本立场；物质又是在不断运动变化的，其原因就是事物内部以及事物之间的普遍联系，对立统一规律揭示了事物普遍联系的根本内容和变化发展的内在动力，从根本上回答了事物为什么会发展的问题，这是马克思主义辩证法的基本立场。下面我们就用唯物论和辩证法的基本立场来看待我们主观层面的认识。

我们的认识从哪里来？我们丰富多彩的主观世界是如何形成的？对这些问题的回答，就构成了第二章的主要内容。

第二章第一节首先讲实践与认识的关系，这就告诉我们，我们的认识来自实践。实践对我们的认识起到至关重要的决定性作用。因而，实践是我们首先要探讨的话题。什么是实践？实践的构成要素如何？实践有哪些类型？这就是我们下面要探讨的第一个知识点“科学的实践观”。实践是人类所特有的一种活动，也是连接主观世界和客观世界的中介和桥梁，因而实践是认识的基础。具体表现在以下四个方面：实践是认识的来源；实践是认识发展的动力；实践是认识的目的；实践是检验认识真理性的唯一标准。接着我们要深入探讨第二个知识点“认识的本质及其发展规律”。辩证唯物主义认识论认为，认识的本质是主体在实践基础上对客体的能动反映。这种能动反映不但具有反映特性而且还具有创造特性。反映特性体现出我们认识的统一性，创造特性体现出我们认识的多样性。认识的发展规律大体说来就是“实践、认识、再实践，再认识，循环往复，以至无穷的辩证发展过程”。在这其中有认识上的两次飞跃，一个是从感性认识到理性认识，另一个是从认识到实践。既然是飞跃，我们就要认真体会一下其内涵，它也就是在告诉我们这其中充满着挑战，并非所有的人都能做到。

第二章第二节讲的是真理与价值。马克思主义认为，真理是标志主观与客观相符合的哲学范畴，是对客观事物及其规律的正确反映。简言之，我们可以看到真理即是我们平常所说的正确的认识，它有三种属性：客观性、绝对性和相对性。这就是我们第三个知识点所要学习的内容。客观性是真理的本质属性，绝对性和相对性是从真理的发展过程以及人们对它的掌握程度来说的，它们是同一客观真理的两种属性。与真理同样重要的一个话题就是价值，价值是个哲学范畴，是指在实践基础上形成的主体和客体之间的意义关系，是客体对个人、群体乃至整个社会的生活和活动所具有的积极意义。对价值的认识，即是价值评价。一个人带着某种标准对周围的人和事物进行价值评价时就涉及价值观。价值观是人们关于价值本质的认识以及对人和事物的评价标准、评价原则和评价方法的观点的体系。由于价值观的不同，两个人即使都掌握着真理性的认识，也未必都能造福于社会。因而树立正确的价值观显得十分重要，这是我们第四个知识点所要解决的问题。我们要想今后的人生道路上取得成功，必须在认识上把好关，一方面要有真理性的认识，另一方面还要有正确的价值观。把这两个方面的关系处理好，我们才有可能成为成功人士。如何在实践中处理好真理与价值的关系，这就是我们要讲的最后一个知识点。

第二章第三节是在讲认识世界和改造世界，认识世界的目的是更好地改造世界，实现从必然王国向自由王国的发展。

上述的五个知识点涵盖了本章的重点，我相信同学们通过后面对每个知识点的学习，肯定会有所收获，有所启发。同学们今后一定会自觉地提高自己的认识水准，让自己的实践水准也不断提升，这样良性循环下去，同学们一定能够让自己的人生不断出彩。

一、实践内涵——科学的实践观及其意义

同学们好！我们在前面第一章的学习中，认识到了实践的重要作用，它是自然存在和社会存在区分和统一的基础以及社会生活本质上是实践的。下面

我们就实践这一话题进行深入地学习。首先我们要搞明白什么是“实践”，它有哪些基本特征，这样我们才能将实践与普通的人类行为相区别；其次，我们要对实践的构成要素进行分析，可以体会出实践是人类所特有的一种活动；最后，我们对实践作了三种类型的划分，这体现出了人类社会丰富多彩的一面。

（一）什么是实践

马克思、恩格斯以前的中外哲学都使用过实践的概念，并作过很多论述，但是他们都没有科学地理解人类实践的真正本质，没有看到实践在人类认识和整个社会生活中的决定意义。马克思科学地阐明了人类实践的本质及其在认识世界和改造世界中的作用，创立了科学的实践观。

实践与一般行为不一样，换句话说，并不是所有的人类行为都是实践，实践只是其中的一小部分。我们来看一下实践的定义和基本特征。实践是人类能动地改造世界的社会性的物质活动，具有客观实在性、自觉能动性和社会历史性三个基本特征。第一，实践具有客观实在性。实践是人类改造世界的客观物质活动，它虽然是人类有目的、有意识的行为，但本质上是客观的、物质的活动。实践是改造世界的客观物质活动，它不是纯粹的精神活动，而是以感性事物为对象的现实的物质活动，因此，实践所具有的直接现实性也就是实践活动的客观实在性。第二，实践具有自觉能动性。与动物本能的、被动的适应性活动不同，人的实践活动是一种有意识、有目的的活动。目的性是能动性的主要表现。第三，实践具有社会历史性。实践是社会性的、历史性的活动。实践从一开始就是社会性的活动。实践的社会性决定了它的历史性。

（二）实践的构成要素

人的实践活动是以改造客观世界为目的的客观过程，是实践的主体与客体之间的相互作用，这种相互作用必须借助于一定的手段和工具，即实践的中介。实践的主体、客体和中介是实践活动的三项基本要素，三者的有机统一构成实践的基本结构。

第一，实践主体。在实践活动中，实践主体是指具有一定的主体能力、从事现实社会实践活动的人，是实践活动中自主性和能动性的因素，担负着设定实践目的、操作实践中介、改造实践客体的任务。第二，实践客体。实践客体是指实践活动所指向的对象。实践客体与客观存在的事物不完全等同，客观事物只有在被纳入主体实践活动的范围之内，为主体实践活动所指向并与主体相互作用时才成为现实的实践客体。第三，实践中介。实践中介是指各种形式的工具、手段以及运用、操作这些工具、手段的程序和方法。实践的中介系统可分为两个子系统：一是作为人的肢体延长、感官延伸、体能放大的物质性工具系统，如各种机器系统和动力能源系统。二是语言符号工具系统。语言符号是主体思维活动进行的现实形式，也是人们社会交往得以进行的中介。正是依靠这些中介系统，实践的主体和客体才能够相互作用。

实践的主体和客体相互作用的关系，包括实践关系、认识关系和价值关系，其中实践关系是最根本的关系。实践的主体、客体和中介是不断变化发展的，因而实践的基本结构也是历史地变化发展的，这种变化主要表现为主体客体化与客体主体化的双向运动。主体客体化与客体主体化的双向运动是人类实践活动两个不可分割的方面，它们互为前提、互为媒介，人类就是通过这种运动形式不断解决着现实世界的矛盾。

（三）实践的类型

人类的社会生活色彩斑斓，实践活动形式丰富多样。从内容上看，实践可分为三种基本类型：

一是物质生产实践。物质生产实践是人类最基本的实践活动，它解决人与自然的矛盾，满足人们物质生活资料和生产劳动资料的需要，同时生产和再生产是社会的基本经济关系，由此决定着社会的基本性质和面貌。

二是社会政治实践。社会政治实践是形成各种社会关系的实践活动，表现为人们之间的社会交往和政治活动。人们在物质生产实践的基础上，形成了复杂的社会政治关系。

三是科学文化实践。科学文化实践是创造精神文化产品的实践活动，它有各种不同的形式，其中重要的形式有科学、艺术、教育等。

以上三种实践类型既各具不同的社会功能，又密切联系在一起。其中物质生产实践是最基本的实践活动，它构成全部社会生活的基础，社会政治实践和科学文化实践在物质生产实践基础上产生和发展起来，受物质生产实践的制约并对其产生能动的反作用。

通过对前面实践的定义、实践的构成要素以及实践的类型的学习，我们可以领会到人类实践的重要性了，也体会到了为什么说“社会生活本质上是实践的”。我们现在经常说的“奋进新时代”“撸起袖子加油干”都是对实践的重要性的生动诠释。

科学实践观的创立和发展具有十分重要的意义，主要表现在以下几个方面：第一，克服了旧唯物主义的根本缺陷，为辩证唯物主义奠定了科学的理论基础。第二，建立了科学的、能动的、革命的反映论，实现了人类认识史上的变革。第三，在人类思想史上第一次揭示了社会生活的实践本质，为创建科学的历史观奠定了理论基础。

二、能动反映——认识的本质及过程

同学们好！在前面的学习中，我们领会到了马克思主义科学的实践观。实践是人类所特有的一种活动，也是连接主观世界和客观世界的中介和桥梁。在实践和认识的关系上，辩证唯物主义认识论认为，实践是认识的基础。实践在认识活动中起着决定性的作用，表现为实践是认识的来源、发展动力和目的以及实践是检验认识真理性的唯一标准。“实践的观点是辩证唯物主义的认识论之第一的和基本的观点。”但是我们也要看到，实践也是在认识的支配之下进行的，认识在实践的过程中同样也发挥着重要作用。可以说，有什么样的认识，就会有什么样的实践。下面我们就认识这一话题进行深入剖析。

首先，我们来看一下什么是认识的本质。辩证唯物主义认识论认为，认识的本质是主体在实践基础上对客体的能动反映。这种能动反映不但具有反映客体内容的反映性特征，而且具有实践所要求的主体能动的、创造性的特征。一方面，认识的反映特性是人类认识的基本规定性。另一方面，认识的能动反映具有创造性。在人的认识活动中，反映特性与能动的创造特性是不可分割的。反映和创造不是人类认识的两种不同的本质，而是同一本质的两种不同的功能，是一个硬币的两面。只有以科学的实践观为基础，坚持反映性和创造性的辩证统一，才能真正弄懂认识的本质和规律。

然后，我们深入分析认识的发展规律。认识的发展规律是在实践的基础上由感性认识到理性认识，又由理性认识到实践的飞跃，实践、认识、再实践、再认识，循环往复，以至无穷的辩证发展过程。在这个过程中分为两个阶段。第一个阶段是从实践到认识的过程。这个过程主要表现为在实践基础上认识活动由感性认识能动地飞跃到理性认识，也就是“从生动的直观到抽象的思维”，这是认识运动的第一次飞跃。感性认识是人们在实践基础上，由感觉器官直接感受到的关于事物的现象、事物的外部联系、事物的各个方面的认识。它包括感觉、知觉和表象三种形式。感觉是人的感觉器官对客观事物的个别属性、个别方面的直接反映，如视觉、听觉、触觉等，它是感性认识也是整个认识过程的起始环节。知觉是人的感觉器官对客观事物外部特征的整体的反映，如将苹果色、香、味等方面的感觉结合起来，就形成对苹果的整体知觉。表象是感性认识的高级形式，它是人脑对过去的感觉和知觉的回忆，是曾经作用于感觉器官的客观对象的形象再现。理性认识是指人们借助抽象思维，在概括整理大量感性材料的基础上，达到关于事物的本质、全体、内部联系和事物自身规律性的认识。比如苹果落地这一现象，我们一般人可能就停留在感性层面，很难深入到背后，发现其原因，但牛顿就从中发现万有引力定律。现实生活中这样的例子很多，这就告诉我们从感性认识到理性认识是一次飞跃。要想完成这一飞跃，需要我们平时不断地学习，不断地积累，提高我们的认识水平。理性认识包括概念、判断、推理三种形式。概念是对同类事物共同的一般特性和本质属性的概括和反映，是思维的细胞，也是最基本的思维形式，如家庭、社会、国家、民族等就是一些基本的概念。理性认识的其他形式，都是在概念的组合和深化的过程中形成和发展的。判断是展开了的概念，是对事物之间的联系和关系的反映，是对事物是什么或不是什么、是否具有某种属性的判明和断定。推理在形式上表现为判断与判断之间的联系，它是从事物的联系或关系中由已知合乎逻辑地推出未知的反映形式。感性认识和理性认识的性质虽然不同，但二者的关系是辩证统一的。第一，感性认识有待于发展和深化为理性认识。第二，理性认识依赖于感性认识。第三，感性认识和理性认识相互渗透、相互包含。

认识过程的第二个阶段是从认识到实践，即由精神到物质的阶段，由思想到存在的阶段。这是认识过程第二次能动的飞跃。纸上谈兵的故事我们都听说过，理论知识掌握得好，在实践当中也未必能够做得好。要想顺利地实现这次飞跃，我们必须要确定实践目的、形成实践理念、制定实践方案、进行中间实验以及对人民群众进行组织和宣传。从认识到实践的飞跃，是更为重要的飞跃，意义更加重大，其必要性和重要性在于以下两方面：第一，认识世界的目的是改造世界。第二，认识的真理性只有在实践中才能得到检验和发展。

总之，人的认识是从实践中产生的，认识的本质是主体在实践的基础上对客体能动的反映。认识的发展规律也是其与实践互动的过程中螺旋上升的过程。在实践和认识的辩证运动中，主观必须统一于客观，认识必须统一于实践。

第二节　真理与价值

一、真理属性——真理的客观性、绝对性和相对性

同学们好！在前面的学习中，我们了解了认识的本质和发展规律，体会到了要想获得正确的认识是一件十分不容易的事情。我们下面所要讲的真理也即是正确的认识，真理有三种属性：客观性、绝对性和相对性。其中客观性是真理的本质属性，绝对性和相对性是在客观性的基础上衍生出来的两种属性。下面，我们就真理的这三种属性一一加以介绍。

（一）真理的客观性

马克思主义认为，真理是标志主观与客观相符合的哲学范畴，是对客观事物及其规律的正确反映。真理的客观性是指真理的内容是对客观事物及其规律的正确反映，真理中包含着不依赖于人和人的意识的客观内容。客观性是真理的本质属性，但是真理的形式又是主观的，真理通过感觉、知觉、表象、概念、判断、推理等主观形式表达出来。真理的客观性决定了真理的一元性。真理的一元性是指在同一条件下对于特定的认识客体的真理性认识只有一个，而

不可能有多个。比如我们在做数学选择题时，深有体会，正确的答案只有一个，错误的答案有多个，要想得出这个正确的答案，并非易事。真理的客观性表明，要想发现真理、拥有真理、发展真理并在实践中取得成功，只能采取老老实实的科学态度，尊重真理并按真理办事。

（二）真理的绝对性和相对性

真理是一个过程。就真理的发展过程以及人们对它的认识和掌握程度来说，真理既具有绝对性，又具有相对性，它们是同一客观真理的两种属性，这是真理问题上的辩证法。任何真理都是绝对性和相对性的统一，二者相互联系、不可分割。

第一，真理的绝对性。真理的绝对性是指真理主客观统一的确定性和发展的无限性。它有两个方面的含义：一是指任何真理都标志着主观与客观之间的符合，都包含着不依赖于人和人的意识的客观内容，都同谬误有原则的界限。这一点是绝对的、无条件的。在这个意义上，承认了真理的客观性也就是承认了真理的绝对性。二是人类认识按其本性来说，能够正确认识无限发展着的物质世界，认识每前进一步，都是对无限发展着的物质世界的接近，这一点也是绝对的、无条件的。在这个意义上，承认了世界的可知性，承认人能够获得关于无限发展着的物质世界的正确认识，也就是承认了真理的绝对性。

第二，真理的相对性。真理的相对性是指人们在一定条件下对客观事物及其本质和发展规律的正确认识总是有限度的、不完善的。它具有两个方面的含义：一是从客观世界的整体来看，任何真理都只是对客观世界的某一阶段、某一部分的正确认识，人类已经达到的认识的广度总是有限度的，因而，认识有待扩展。二是就特定事物而言，任何真理都只是对客观对象一定方面、一定层次和一定程度的正确认识，认识反映事物的深度是有限度的，或是近似性的。因而，认识有待深化。

第三，真理的绝对性和相对性的关系。真理的绝对性和相对性是辩证统一的。其一，二者相互依存。即人们对于客观事物及其本质和规律的每一个正确认识，都是在一定范围内、一定程度上、一定条件下的认识，因而是相对的和有局限的；但是，在这一定范围内、一定程度上、一定条件下，它又是对客观对象的正确反映，因而它又是无条件的、绝对的。其二，二者相互包含。一是真理的绝对性寓于真理的相对性之中。任何真理所包含的客观内容都只能是人们在特定历史条件下所把握到的，都只是对客观世界及其事物的一定范围、一定程度的正确反映。二是真理的相对性包含并表现着真理的绝对性。任何真理都与谬误有本质的区别，标志着人们在一定范围内和一定层次上达到了对于无限发展着的物质世界的正确认识，包含着确定的客观内容。割裂真理的绝对性与相对性的辩证关系，就会走向形而上学的真理观，即绝对主义和相对主义。

总之，真理的这三种属性有机地统一于真理之中，也体现着唯物论和辩证法的统一。真理永远处在由相对向绝对的转化和发展中，是从真理的相对性走向绝对性、接近绝对性的过程。任何真理性的认识都是由真理的相对性向绝对性转化过程中的一个环节，这是真理发展的规律。

马克思主义作为客观真理，是绝对性和相对性的统一。它正确反映了人类社会的发展规律，因而具有绝对性。习近平总书记强调指出："马克思主义就是我们共产党人的'真经'，'真经'没念好，总想着'西天取经'，就要贻误大事！不了解、不熟悉马克思主义基本原理，就不可能真正了解和掌握中国特色社会主义理论体系。"但是，马克思主义经典作家并没有穷尽真理，而是不断为寻求真理和发展真理开辟道路，马克思主义并没有穷尽对一切事物及其规律的认识，仍需要随着社会实践的发展而发展，因而又具有相对性。马克思主义真理的绝对性要求我们必须坚持以马克思主义为指导思想，马克思主义真理的相对性要求我们又必须在实践中丰富和发展马克思主义。

二、前进坐标——树立正确的价值观

同学们好！在前面的学习中，我们讲到了正确的认识即真理，以及真理的三种属性。在这里我们要探讨另一个重要的话题即价值。价值是指在实践基础上形成的主体和客体之间的意义关系，是客体对个人、群体乃至整个社会的生活和活动所具有的积极意义。对价值的认识，即是价值评价。价值评价是主体对客体的价值以及价值大小所作的评判或判断，因而也被称作价值判断。价值评价通过揭示客体对于主体的意义，形成对客体的不同态度，如肯定或否定、喜欢或反感、美或丑、善或恶、公正或偏私等。一个人对周围的人和事物带着某种标准进行价值评价时，就涉及价值观的问题。价值观是人们关于价值本质的认识以及对人和事物的评价标准、评价原则和评价方法的观点的体系。它与世界观和人生观是一致的。价值观有先进与落后、正确与错误、积极与消极之分。通俗地说，价值观是人们关于应该做什么和不应该做什么的基本观点，是区分好与坏、对与错、善与恶、美与丑等的总观念。

价值观对人的行为起着规范和导向作用。价值观不同的人，行为取向也会不同，甚至可能截然相反。即使从同一真理出发，也可能有不同甚至相反的行为取向。具有同样的化学知识，有的人为人类造福，有的人制造毒品危害社会。拥有科学知识并不能保证行为的正确，由于价值取向出了问题，而行为受控于价值观，所以行为也会出问题。马克思主义价值观以绝大多数人的利益为是非、善恶、美丑的评价标准，归根结底以社会的进步和人类的彻底解放为标准。

因此，对于广大青年大学生而言，要想在今后的人生道路上取得成就，一方面要勇于实践刻苦学习，追求真理性的认识；另一方面要注意培养树立起正确的价值观。在某种程度上可以说，正确的价值观对一个人来说更为重要，它能确保你的人生航向不出现方向性的错误，对社会或多或少地作出自己应有的贡献，成为一个对社会有用的人。

党的十八大以来所提出的社会主义核心价值观中，“爱国、敬业、诚信、友善”是公民基本道德规范，是从个人行为层面对社会主义核心价值观基本理念的凝练。它覆盖社会道德生活的各个领域，是公民必须恪守的基本道德准则，也是评价公民道德行为选择的基本价值标准。爱国是基于个人对自己祖国依赖关系的深厚情感，也是调节个人与祖国关系的行为准则。它同社会主义紧密结合在一起，要求人们以振兴中华为己任，促进民族团结、维护祖国统一、自觉报效祖国。敬业是对公民职业行为准则的价值评价，要求公民忠于职守，克己奉公，服务人民，服务社会，充分体现了社会主义职业精神。诚信即诚实守信，是人类社会千百年传承下来的道德传统，也是社会主义道德建设的重点内容，它强调诚实劳动、信守承诺、诚恳待人。友善强调公民之间应互相尊重、互相关心、互相帮助，和睦友好，努力形成社会主义的新型人际关系。

习近平总书记指出："青年的价值取向决定了未来整个社会的价值取向，而青年又处在价值观形成和确立的时期，抓好这一时期的价值观养成十分重要。"社会主义核心价值观要内化为青年的精神追求，不仅需要深刻的理论认知，还需要强烈的情感认同。情感认同是青年学生从认知层面到行动层面的催化剂，是行为驱动的强大力量。青年学生要自觉用中华优秀传统文化滋养心灵，深入挖掘和学习讲仁爱、重民本、守诚信、崇正义、尚和合、求大同的优秀传统文化，在传承和弘扬我国优秀传统文化中践行社会主义核心价值观，增进情感认同与价值认同。

三、两把尺子——真理与价值在实践中辩证统一

同学们好！在前面的学习中，我们看到了树立正确的价值观对我们青年大学生的重要性。我们要想取得预想的成功，一方面要具备相关领域内真理性的认识，另一方面要具备正确的价值观。这二者相辅相成，缺一不可。下面我们就真理与价值二者之间的辩证关系做一番探讨。

人们的实践活动总是受到真理尺度和价值尺度的制约。实践的真理尺度是指在实践中人们必须遵循正确反映客观事物本质和规律的真理。只有按照真理办事，才能在实践中取得成功。实践的价值尺度是指在实践中人们都是按照自己的尺度和需要去认识世界和改造世界。这一尺度体现了人的活动的目的性。

任何实践活动都是在这两种尺度共同制约下进行的，任何成功的实践都是真理尺度和价值尺度的统一，是合规律性和合目的性的统一。我国科学家屠呦呦的"抗疟神药"青蒿素获得诺贝尔生理学或医学奖，她采用科学的实验方法探寻疟疾的新疗法，符合真理尺度；其目的是拯救成千上万疟疾患者的生命，符合价值尺度。

真理与价值或真理尺度与价值尺度是紧密联系、不可分割的辩证统一关系。一方面，价值尺度必须以真理为前提。要想达到实践的目的以满足人类自

身的需要，就必须“认识真理，掌握真理，信仰真理，捍卫真理”。脱离了真理尺度，价值尺度就偏离了合理的、正确的轨道。另一方面，人类自身需要的内在尺度，推动着人们不断发现新的真理。科学发明、技术创新、经典思想理论的形成，都是人类为了实现更美好的生活而进行的社会实践。脱离了价值尺度，真理就缺失了主体意义。

基于实践的具体性和历史性，真理尺度与价值尺度的统一也是具体的和历史的，二者的统一会随着实践的发展而不断发展到更高级的程度，真理由相对向绝对转化，人的需要和利益也日益多元。真理尺度与价值尺度是否达到了具体的、历史的统一，必须通过实践来验证。

新时代中国特色社会主义的伟大实践，充分体现了真理尺度与价值尺度的辩证统一。正如习近平总书记所指出的：“中国共产党人的理想信念，建立在马克思主义科学真理的基础之上，建立在马克思主义揭示的人类社会发展规律的基础之上，建立在为最广大人民谋利益的崇高价值的基础之上。我们坚定，是因为我们追求的是真理。我们坚定，是因为我们遵循的是规律。我们坚定，是因为我们代表的是最广大人民根本利益。”

因此，习近平新时代中国特色社会主义思想是真理与价值辩证统一的典范。坚持实事求是决定其真理性。新思想坚持解放思想、实事求是、与时俱进、求真务实，以全新的视野深化了对中国共产党执政规律、社会主义建设规律、人类社会发展规律的认识，是尊重历史规律、中国社会发展规律的真理性认识。坚持以人民为中心决定其价值性。新思想提出“坚持以人民为中心”“坚持人民当家做主”“坚持在发展中保障和改善民生”“人民是历史的创造者，是决定国家命运和前途的根本力量”“增进民生福祉是发展的根本目的”等，这体现了立党为公、执政为民的执政理念，为中国人民谋福利、为中华民族谋复兴的使命担当和人民至上的价值追求。

第三节　认识世界和改造世界

（本节安排线下专题讲授，略）

第三部分　教学拓展

一、课后思考

1. 如何理解马克思主义认识论关于“实践第一”的观点？

2. 运用价值观理论谈谈你对习近平总书记提出的“绿水青山就是金山银山”这一科学论断的认识。

二、备课参考

1. 列宁：《唯物主义和检验批判主义》（节选）第二章，《列宁选集》第 2 卷，人民出版社 2012 年版。

2. 毛泽东：《实践论》，《毛泽东选集》第 1 卷，人民出版社 1991 年版。

3. 毛泽东：《改造我们的学习》，《毛泽东选集》第 3 卷，人民出版社 1991 年版。

4. 毛泽东：《人的正确思想是从哪里来的？》，《毛泽东文集》第 8 卷，人民出版社 1999 年版。

5. 习近平：《青年要自觉践行社会主义核心价值观》，《习近平谈治国理政》，外文出版社 2014 年版。

6. 习近平：《纪念马克思诞辰 200 周年大会在京举行　习近平发表重要讲话》，2018 年 5 月 4 日。

7. 习近平：《习近平谈治国理政》第二卷，外文出版社 2017 年版。

8. 习近平：《习近平谈治国理政》第一卷，外文出版社 2018 年版。

9. 习近平：《习近平谈治国理政》第三卷，外文出版社 2020 年版。

10.《〈马克思主义基本原理概论〉辅导用书》，高等教育出版社 2020 年版。

11. 习近平：《在庆祝中国共产党成立 100 周年大会上的讲话》，人民出版社 2021 年版。

12. 中共中央：《中共中央关于党的百年奋斗重大成就和历史经验的决议》

（2021 年六中全会决议），人民出版社 2021 年版。

三、实践活动

（一）实践活动主题

“学原理、读经典、看现实”

（二）实践活动目的

提高学生运用马克思主义基本原理观察问题、分析问题和解决现实问题的能力。

（三）实践活动任务

1. 经典阅读：选取下面所推荐著作中的一项或一篇进行重点阅读。

（1）毛泽东的《实践论》

（2）习近平的《习近平谈治国理政》（第一卷）（任选其中的 1 篇）

（3）习近平的《习近平谈治国理政》（第二卷）（任选其中的 1 篇）

（4）习近平的《习近平谈治国理政》（第三卷）（任选其中的 1 篇）

2. 访谈调查：围绕所关注的社会现实问题，任选下列一个题目，利用访谈方式进行实践调查。

（1）新时代青年大学生如何在社会主义现代化新征程中实现人生价值

（2）新时代青年大学生如何培养“奉献国家和人民”的马克思主义价值观

（3）新时代青年大学生如何树立马克思主义的世界观、人生观、价值观

3. 完成作业：在实践调查的基础上，完成 1500 字左右的调研作业。

（四）实践活动要求

必须运用教材中的相关马克思主义基本原理，必须引用所选读的马克思主义经典著作文献，必须联系所关注的社会现实问题。同时要求观点正确、格式规范、逻辑性强、字迹清楚。

（五）实践作品形式

小论文。

（六）实践成果呈现格式

所选择阅读的马克思主义经典著作文献：

1. 选择该题目和进行该项调查的重要意义。

2. 结合马克思主义基本原理对所调查问题进行分析。

3. 从马克思主义经典阅读中汲取对该问题的启示。

4. 大学生在其中需要扮演的角色、能够发挥的作用、需要承担的责任。

5. “学原理、读经典、看现实”主题实践感言。

第三章　人类社会及其发展规律

第一部分　教学概况

本章概述	本章主要包含了三方面的内容：第一节人类社会的存在与发展；第二节社会历史发展的动力；第三节人民群众在历史发展中的作用。
学时安排	理论学时 4 学时（含课堂活动）
教学目的与教学目标	本章的教学目的是引导和帮助学生学习和把握历史唯物主义的基本原理，着重了解社会存在与社会意识的辩证关系、社会基本矛盾运动规律、社会发展的动力以及人民群众和个人在社会历史中的作用，提高运用历史唯物主义正确认识历史和现实、正确认识社会发展规律的自觉性和能力。 本章教学目标包括知识、价值、能力三个目标。 知识目标：准确理解社会存在与社会意识的辩证关系、物质生产方式在社会存在和发展中的作用、社会基本矛盾运动规律、社会发展的动力系统、人民群众和个人在社会历史中的作用等历史唯物主义理论知识。 价值目标：引导学生正确处理个人与社会、个人价值与社会价值的关系，在实现中国梦的生动实践中放飞青春梦想。坚定文化自信，增强服务社会本领。 能力目标：提高运用历史唯物主义正确认识历史和现实、正确认识社会发展规律的自觉性和能力。

本章 教材分析	本章是历史唯物主义的内容，该部分内容在本教材中具有特别重要的地位。历史唯物主义透过扑朔迷离、纷繁复杂的社会历史现象，找到了人类社会发展的规律，揭开了一系列在思想史上长期困扰着人们的“历史之谜”，指导人们找到了社会发展的内因与外因。不仅为指导人们正确认识人类社会历史提供了科学的理论指导，还为人们正确认识人类社会的发展趋势，准确把握社会发展的动力因素，提供了科学依据。历史唯物主义还让人们在正确认识社会的同时，也正确认识了人类自身，准确把握了人民群众和杰出人物在历史中的作用。 在前面对整个世界既唯物又辩证认识的基础上，本章聚焦到人类社会领域进行理论探讨，这不仅与唯心主义划清了界限，也与“半截子”的机械唯物主义划清了界限。唯物史观与唯心史观是根本对立的两种历史观，教材在理论分析时从多个角度对唯物史观进行了理论阐述。 教材在历史唯物主义相关原理内容中，将习近平新时代中国特色社会主义思想融入教材，在人民群众是历史的创造者部分，特别强调了“以习近平同志为核心的党中央提出坚持以人民为中心的思想，创造性运用和发展了唯物史观关于人民群众创造历史的基本原理”。
教学 重点难点	教学重点： 1. 社会存在与社会意识的辩证关系； 2. 物质生产方式在社会存在和发展中的作用； 3. 社会基本矛盾及其运动规律。 教学难点： 1. 社会意识的结构； 2. 社会形态更替的必然性与人们的历史选择性。
教学设计	采用线上和线下混合式教学方法。本课程线上教学在中国大学 MOOC 平台。 线下教学专题： 探索社会历史的正确打开方式。

第二部分　教学转化

第一节　人类社会的存在与发展

【教学导入】（导学——探索人类社会“历史之谜”）

同学们，大家好！前面我们学习了辩证唯物主义的基本原理，这一章讲的是历史唯物主义的基本原理。

我们在学习辩证唯物主义的基本原理时，学习了物质与意识的辩证关系，事物联系和发展的基本规律，还学习了马克思主义的实践观、认识论等等，逐步形成了科学的世界观和方法论。

这一章，我们就要运用唯物的辩证的观点，去认识社会历史观的一些重要问题，例如，社会发展有没有规律？社会发展的根本动力是什么？谁是历史的创造者？等等。

社会存在与社会意识的关系问题是社会历史观的基本问题，正确认识这一问题，是解决其他社会历史观问题的前提和基础。唯物史观和唯心史观是两种根本对立的社会历史观。唯心史观即历史唯心主义，它从社会意识决定社会存在的前提出发，否认了人类社会发展的规律，否认了人民群众是历史的创造者。

马克思和恩格斯从社会存在决定社会意识的关系问题，揭示了人类社会发展的规律，揭示了人民群众是历史的创造者，创立了历史唯物主义，即唯物史观。马克思和恩格斯创立了历史唯物主义，回答了一系列“历史之谜”，实现了社会历史观的伟大变革，为我们正确认识人类社会历史及其发展趋势，准确把握社会发展的动力因素，准确把握人民群众和杰出人物在历史中的作用，提供了科学的理论指导。

对于大学生来说，学习和把握历史唯物主义的基本原理，就是要着重了解社会存在与社会意识的关系这个社会历史观的基本问题，着重了解社会基本矛盾运动规律，着重了解社会发展的动力，着重了解人民群众在社会历史中的决定作用，等等。

我们在本章后面的内容中，选取了历史唯物主义的一些基本知识点，例如，物质生产方式在社会存在和发展中的作用、社会存在与社会意识的辩证关系、社会基本矛盾运动规律、社会基本矛盾与社会主要矛盾在历史发展中的作用，以及人民群众在社会历史中的作用，等等，来帮助大家学习。

本章的内容旨在帮助大学生树立马克思主义的立场、观点和方法，自觉运用历史唯物主义去正确认识历史和现实，提高正确认识社会发展规律的自觉性和能力。要立足于新时代，把自己的抱负理想，同实现中华民族伟大复兴的中国梦结合起来，在人民群众的实践中不断进步，不断成长。

一、决定力量——物质生产方式在社会存在和发展中的作用

同学们，大家好！今天我们要学习物质生产方式在社会存在和发展中的作用这个历史唯物主义原理。

我们知道，社会存在是社会生活的物质方面，是社会的物质生活条件，主要包括地理环境、人口因素和生产方式。那么，它们在社会存在和发展中的作用是什么？在社会物质生活条件中，谁又是社会历史发展的决定力量呢？

我们说，地理环境、人口因素和生产方式在社会存在和发展中，具有不同的作用，其中，生产方式是社会历史发展的决定力量。

大家知道，历史是人的活动，没有人，便没有社会历史的存在和发展；适度的人口对社会发展起加速作用，过密或过疏的人口则延缓社会的发展。

在现代社会，人口的数量、质量、教育文化程度等等，都对生产发展和社会进步，起着加速或延缓的作用。因此，有计划地调节人口数量，提高全民族的科学文化水平，实施科教兴国战略、人才强国战略具有重要意义。但人口因素不能脱离社会生产而发生作用，它不决定社会的性质，不决定社会形态的更替。

人类社会生活和生产资料从哪里来？它来源于地理环境。地理环境是人类社会生存和发展永恒的、必要的条件，是人们生活和生产的自然基础。肥

沃的土地、丰富的矿产资源和较有利的气候条件，对提高劳动生产率产生积极的影响，对社会发展起促进作用，反之，则产生消极的影响，对社会发展起延缓作用。合理地利用自然资源，保护生态平衡，是社会得以正常发展的必要条件。

习近平总书记在党的十九大报告中指出，坚持人与自然和谐共生，创造良好生产生活环境，建设生态文明，建设美丽中国，是中华民族永续发展的千年大计。我们要建设的现代化，是人与自然和谐共生的现代化。

地理环境的作用不能脱离社会生产而发生作用，它不能决定社会的性质，不能决定社会形态的更替。决定社会的性质和社会形态更替的是生产方式。生产方式是社会存在和发展的决定力量。

什么是物质生产方式？为什么说物质生产方式是社会存在和发展的决定力量呢？

物质生产方式又称生产方式，是指人们获取物质生活资料的生产活动的方式，是生产力和生产关系的统一。我们知道，人们首先要吃穿住，然后才能进行其他的活动。物质资料生产活动，是人类社会赖以存在和发展的物质基础，人类社会的存在和发展，是建立在物质财富基础之上的。生产方式是生产力和生产关系的统一，是社会物质生活条件中的主要要素，制约着人们的经济生活、政治生活和精神生活等等。

生产方式是社会的经济结构，决定着社会政治结构和观念结构。社会占支配地位的生产关系决定着社会性质，因此，生产方式决定着社会的基本结构、性质和基本面貌。生产活动的发展，推动了生产力的发展，推动了生产关系的变革。生产方式变革又决定着社会形态的更替，因此，物质生产活动的变化发展，生产方式的变化发展决定着整个社会历史的变化发展，决定着社会形态从低级向高级的更替和发展。

习近平总书记在党的十九大报告中指出，实现“两个一百年”奋斗目标、实现中华民族伟大复兴的中国梦，不断提高人民生活水平，必须坚定不移把发展作为党执政兴国的第一要务，坚持解放和发展社会生产力，坚持社会主义市场经济改革方向，推动经济持续健康发展。

我们学习了生产方式在社会存在和发展中的作用这个历史唯物主义原理，就要坚持以经济建设为中心，大力发展生产力，一要吃饭，二要建设，为实现“两个一百年”奋斗目标奠定强大的物质基础。

二、基本问题——社会存在与社会意识的辩证关系

同学们，大家好！前面我们学习了什么是社会存在、什么是社会意识。我们知道，社会存在是社会的物质生活，社会意识是社会的精神生活。那么，社会存在和社会意识关系又是怎样的呢？下面我们就谈谈这个问题。

我们说，社会存在和社会意识是辩证统一的关系。这个关系是，社会存在决定社会意识，社会意识反作用于社会存在，具有相对独立性。为什么说社会存在决定社会意识呢？这是因为社会存在决定了社会意识的内容，决定了社会意识的变化。社会意识的内容根源于社会存在，它是对社会存在的反映；随着社会存在的发展，社会意识或早或晚地要发生变化。比如，原始社会的公有观念，根源于原始社会的生产方式；私有观念等思想意识也相应产生，根源于生产资料私有制为基础的生产方式。

我们知道，社会意识是以理论、观念、心理等形式反映社会存在的，它是由社会存在决定的，但是社会意识在反映社会存在的同时，还有着自己特有的发展形式和规律，这就是社会意识的相对独立性。

我们知道，政治、法律、思想、道德、艺术、宗教、哲学等是相互影响的，有着各自的历史继承性，有其发展的特殊规律。

社会存在决定社会意识，但这个决定不是机械的决定，社会意识与社会存在发展具有不完全同步性和不平衡性。社会经济发展水平较高的国家或地区，不一定具有最高发展水平的社会意识；某些经济水平相对落后的国家或地区，其社会意识的某些方面也可以是领先的。

进步的社会意识可以预见未来，指导人们的实践活动，落后的社会意识则阻碍社会的发展。

先进的社会意识反映了社会发展的趋势和要求，对社会发展起着积极的促进作用；落后的社会意识不符合社会发展的趋势和要求，对社会发展起着消

极的阻碍作用，这就是社会意识对社会存在能动的反作用。社会意识对社会存在能动的反作用，是社会意识相对独立性的突出表现。

社会意识的能动作用是通过指导人们的实践活动实现的。马克思主义作为先进的社会意识，它产生于19世纪40年代，具有深刻的社会根源、阶级基础和思想渊源。马克思主义是推动当代中国发展的精神动力，人民有信仰，民族就有希望，国家就有力量。马克思主义成为指导当代中国实践的行动指南。

学习社会存在和社会意识辩证关系的原理具有重要的意义。依据社会存在和社会意识辩证关系的原理，马克思主义破天荒地破解了“历史之谜”，揭示了人类社会发展的规律，对我们正确认识社会历史、树立科学的历史观具有重要的意义。

习近平总书记在党的十九大报告中指出，经过长期努力，中国特色社会主义进入了新时代，这是我国发展新的历史方位。“新时代”既是对我国当代国情的高度概括，也是对我国当代社会存在状况的高度概括。

社会存在决定社会意识，“新时代”党的路线、方针、政策的制定，必须从我国社会存在状况出发，即从我国社会物质生活条件的总和出发，也就是从我国“新时代”的基本国情出发。“新时代”的社会发展理念，特别是路线、方针、政策是否正确，取决于它们能否正确反映“新时代”这个社会存在。

习近平总书记在党的十九大报告中指出，要培育和践行社会主义核心价值观，要加强思想道德建设，就是要发挥思想文化对经济和社会发展的能动作用。

文化是社会意识的重要组成部分，文化的核心是价值观。文化是一个国家、一个民族的灵魂。文化兴则国运兴，文化强则民族强。中国特色社会主义适应了先进生产力的发展要求，代表了人民群众的长远利益，顺应了人类文明发展的趋势，促进了社会进步和经济的发展。

习近平总书记在党的十九大报告中指出，青年兴则国家兴，青年强则国家强。青年一代有理想、有本领、有担当，国家就有前途，民族就有希望。对大学生来说要坚定理想信念，在实现中国梦的实践中发出自己的光和热。

第二节 社会历史发展的动力

一、历史之谜——社会基本矛盾运动规律

同学们，大家好！今天我们来谈一谈社会基本矛盾的运动规律。我们知道，社会历史观的基本问题是社会存在与社会意识的关系问题。

马克思和恩格斯从社会存在与社会意识的辩证关系出发，揭示了社会基本矛盾的运动规律。什么是社会基本矛盾呢？社会基本矛盾是生产力与生产关系的矛盾、经济基础与上层建筑的矛盾。

生产力与生产关系的矛盾运动规律，经济基础与上层建筑的矛盾运动规律，是人类社会发展的两大普遍规律。这就是生产关系一定要适合生产力状况的规律和上层建筑一定要适合经济基础状况的规律。

什么是生产关系一定要适合生产力状况的规律？这一规律有哪些主要内容？生产力与生产关系矛盾运动规律的原理有什么重要意义？下面我们就谈谈这些问题。

生产力与生产关系或者生产方式矛盾运动中内在的、本质的、必然的联系，就是生产关系一定要适合生产力状况的规律。生产力与生产关系内在的、本质的、必然的联系构成了这一规律的内容。那么，生产力与生产关系内在的、本质的、必然的联系是什么呢？那就是，生产力决定生产关系，生产关系又反作用于生产力。

为什么说生产力决定生产关系呢？是因为生产力状况决定了生产关系的性质，生产力状况决定了生产关系的变革。有什么样的生产力，就会产生什么样的生产关系。当生产关系不能适应生产力发展的要求时，就要变革旧的生产关系，以适应生产力的发展。当生产关系适合生产力发展的客观要求时，对生产力的发展起推动作用；当生产关系不适合生产力发展的客观要求时，就会阻碍生产力的发展。这就是生产关系对生产力能动的反作用。

生产力的决定作用和生产关系的反作用，构成了生产力和生产关系的矛盾运动过程。这个过程是，生产关系对于生产力来说，是一个从基本适合到基

本不适合，再到基本适合的过程。生产力和生产关系的这种矛盾运动，不断推动社会向前发展。

学习生产力与生产关系矛盾运动的规律这个历史唯物主义原理具有重要的意义。它第一次科学地确立了生产力发展是“社会进步的最高标准”，是马克思主义政党制定路线、方针和政策的重要依据。生产力发展是“社会进步的最高标准”，我们要坚持以经济建设为中心，大力发展生产力。我们要坚持和完善以公有制为主体、多种所有制经济共同发展的经济制度，坚持和完善以按劳分配为主体、多种分配方式并存的分配制度，坚持和完善社会主义市场经济体制等来促进我国社会生产力的不断发展。

社会发展的另一普遍规律，是上层建筑一定要适合经济基础状况的规律。

什么是上层建筑一定要适合经济基础状况的规律呢？这一规律有哪些主要内容？上层建筑一定要适合经济基础状况的规律的原理有什么重要意义？下面我们就谈谈这些问题。

经济基础与上层建筑（或社会形态）矛盾运动中内在的、本质的、必然的联系，就是上层建筑一定要适合经济基础状况的规律。经济基础与上层建筑内在的、本质的、必然的联系构成了这一规律的内容。那么，经济基础与上层建筑内在的、本质的、必然的联系是什么呢？那就是，经济基础决定上层建筑，上层建筑反作用于经济基础。

为什么说经济基础决定上层建筑呢？是因为经济基础决定了上层建筑的产生、发展和性质，有什么样的经济基础，就有什么样的上层建筑，经济基础的变革必然引起上层建筑的变革。

上层建筑总是为自己的经济基础的形成和巩固服务。当它为适合生产力发展要求的经济基础服务时，就会推动社会的发展；当它为落后的经济基础服务时，就会阻碍社会的发展。这就是上层建筑对经济基础具有反作用的集中表现。经济基础与上层建筑的相互作用构成二者的矛盾运动。

学习经济基础与上层建筑矛盾运动的规律这个历史唯物主义原理具有重要的意义。习近平总书记在党的十九大报告中指出，必须坚持中国特色社会主义政治发展道路，坚持和完善人民代表大会制度、中国共产党领导的多党合作和政治协商制度、民族区域自治制度、基层群众自治制度，巩固和发展最广泛的爱国统一战线，发展社会主义协商民主，健全民主制度，丰富民主形式，拓宽民主渠道，保证人民当家作主。所有这些就是要发挥政治上层建筑对经济基础的反作用。

习近平总书记在党的十九大报告中指出，必须坚持马克思主义，牢固树立共产主义远大理想和中国特色社会主义共同理想，培育和践行社会主义核心价值观，就是要发挥思想上层建筑对经济基础的反作用。

在社会主义条件下，上层建筑对经济基础的保护和反作用从根本上说就是为了保障最广大人民群众的根本利益。

二、两把钥匙——社会基本矛盾和社会主要矛盾在历史发展中的作用

同学们，大家好！前面我们学习了社会基本矛盾运动规律，下面我们就说一说，社会基本矛盾、社会主要矛盾在历史发展中的作用。

我们知道，矛盾是推动事物发展的动力，基本矛盾是推动事物发展的根本动力，社会基本矛盾是社会发展的根本动力。

那么，什么是社会基本矛盾呢？生产力和生产关系的矛盾、经济基础和上层建筑的矛盾是社会基本矛盾，它贯穿于人类社会发展过程的始终，制约着社会其他矛盾的存在和发展，规定社会发展过程的基本性质和基本趋势，是社会发展的根本动力。

为什么说生产力和生产关系的矛盾、经济基础和上层建筑的矛盾，是社会发展的根本动力呢？

在社会发展的动力系统中，社会基本矛盾是社会发展的根本动力，生产力、阶级斗争、社会革命、社会改革和科学技术等社会发展的多重动力，都根源于社会基本矛盾，都是在社会基本矛盾基础上来发挥作用的。

生产力是社会基本矛盾运动中最基本的动力因素，是人类社会发展的最终决定力量，是社会存在和发展的物质基础，它决定着生产关系的性质，决定着其他社会关系的基本面貌，决定着世界发展的历史进程。

生产力是社会进步的根本内容，是衡量社会进步的根本尺度，是社会物

质文明发展的基本内容，是制约政治文明、精神文明和生态文明发展的基本物质条件。只有在生产力发展的基础上，才能充分满足人民群众的物质生活需要和精神生活需要。

在社会基本矛盾的运动中，生产力和生产关系的矛盾是更为基本的矛盾，它决定经济基础和上层建筑的矛盾和其他社会矛盾，但生产力和生产关系矛盾的最终解决还有赖于经济基础和上层建筑矛盾的解决。只有解决了经济基础和上层建筑的矛盾，才能解决生产力和生产关系的矛盾，才能解放生产力、发展生产力。

在阶级社会中，实现社会形态更替，社会基本矛盾通常是通过阶级的矛盾甚至社会革命来实现的。在同一社会形态的发展中，社会基本矛盾通常是通过改革的方式来解决的。

我们必须要不断调整生产关系以适应生产力的发展，不断完善上层建筑以适应经济基础的发展。当前我国的改革就是由我国社会基本矛盾运动所决定的。

社会基本矛盾是其他一切社会矛盾的根源，规定和制约着社会主要矛盾的存在和发展，社会主要矛盾是社会基本矛盾的具体体现。我们不仅要认识社会基本矛盾，而且要认识社会主要矛盾。

什么是社会主要矛盾？社会主要矛盾是处于支配地位，在社会发展过程一定阶段上起主导作用的矛盾。社会主要矛盾的存在和发展，规定或影响着社会非主要矛盾的存在和发展。社会主要矛盾和非主要矛盾相互作用，在一定条件下相互转化。

正确认识和把握社会主要矛盾，是我党正确判断形势和确立工作重心的客观依据。社会主要矛盾及其转化的原理，对于指导中国特色社会主义实践具有重要意义。

1956 年我国完成了社会主义改造，进入了社会主义初级阶段，党和国家的工作中心转移到经济建设上来。但后来由于“左”的思想的干扰，在相当长时期内偏离了党的八大关于社会主要矛盾的正确判断，把无产阶级和资产阶级之间的斗争当作社会主义社会的主要矛盾，造成了严重后果。

党的十一届三中全会把党和国家的工作中心转移到经济建设上来，提出了社会主义初级阶段的主要矛盾是人民日益增长的物质文化需要同落后的社会生产之间的矛盾。随着我国经济的发展和社会的进步，中国特色社会主义进入新时代。

习近平总书记在党的十九大报告中指出，中国特色社会主义进入新时代，我国社会主要矛盾已经从人民日益增长的物质文化需要同落后的社会生产之间的矛盾，转化为人民日益增长的美好生活需要和不平衡不充分的发展之间的矛盾。

实践证明，当我们正确把握了社会主要矛盾时，社会主义建设事业就会顺利发展，否则，就遭受挫折。

第三节　人民群众在历史发展中的作用

同学们，大家好！今天我们谈一谈，人民群众在社会历史中的作用这个问题。

我们知道，在社会发展的动力系统中，社会基本矛盾是社会发展的根本动力，生产力、科学技术、阶级斗争、社会革命、社会改革等等是社会发展的重要动力，不仅如此，人民群众也是社会发展的重要动力。

如何看待人民群众的历史作用？唯物史观与唯心史观给予了不同的回答。唯心史观是英雄史观，它从社会意识决定社会存在出发，否认物质资料的生产方式是社会发展的决定力量，否认人民群众是历史的创造者。唯物史观是群众史观，它从社会存在决定社会意识出发，认为物质资料的生产方式是社会发展的决定力量，人民群众是历史的创造者。

那么，什么是人民群众？为什么说人民群众是历史的创造者？

人民群众是以劳动群众为主体的推动社会历史发展的大多数人。

劳动群众是物质资料生产活动的主体，创造了人类社会赖以存在和发展的物质基础，人类社会的存在和发展是建立在物质财富基础之上的，人民群众是社会物质财富的创造者。人们首先要吃穿住，然后才能进行其他的活动。在物质资料生产活动中，生产经验的积累和传播，生产工具的改进和发明，都促进了社会生产力的发展。

我们知道，物质生产活动的主体是人民群众，而精神生产活动的主体也是人民群众，人民群众是社会精神财富的创造者。人民群众创造的物质财富是人民群众创造精神财富的物质基础，人民群众的生活和实践活动是一切精神财富、精神产品的源泉，不仅如此，人民群众还直接参与了社会精神财富的创造。

人民群众在创造社会财富的同时，创造和改造着社会关系。生产关系的变革，社会制度的更替，最终取决于生产力的发展，但生产关系的变革，社会制度的更替不是自发地实现和完成的，它必须借助于人民群众的力量。在特定的社会环境中，人民群众推动了生产力的发展，不断要求改进生产关系。人民群众是社会革命的主力军，人民群众是社会形态更替和社会变革的决定力量。

人民群众创造历史的活动受到经济条件、政治条件和精神文化条件的制约。生产力水平和生产关系对于人民群众创造历史的活动有着首要的、决定性的影响。在不同的政治制度下，人民群众发挥的创造作用也不同：先进的科学文化和思想道德对人民群众创造历史的活动具有积极的促进作用，落后的文化意识则会对人民群众创造历史的活动具有消极和阻碍作用。

我国的社会主义制度为人民群众创造历史的活动提供了极为有利的经济、政治和精神文化条件。我们学习人民群众是历史创造者的原理具有重要的意义。坚持人民群众是历史创造者的观点，要求我们在实际工作中，坚持马克思主义群众观点，贯彻党的群众路线。坚持马克思主义群众观点就要坚信人民群众自己解放自己的观点，全心全意为人民服务的观点，一切向人民群众负责的观点，虚心向群众学习的观点。贯彻党的群众路线就要坚持一切为了群众，一切依靠群众，从群众中来，到群众中去。

在中国特色社会主义新时代，群众路线是我们党的生命线和根本的工作路线。习近平总书记在党的十九大报告中指出，坚持以人民为中心。人民是历史的创造者，是决定党和国家前途命运的根本力量。必须坚持人民主体地位，坚持立党为公、执政为民，践行全心全意为人民服务的根本宗旨，把党的群众路线贯彻到治国理政全部活动之中，把人民对美好生活的向往作为奋斗目标，依靠人民创造历史伟业。因此，在中国特色社会主义新时代，坚持马克思主义群众观点，贯彻党的群众路线具有重要的意义。

第三部分　教学拓展

一、课后思考

1. 为什么说物质资料的生产方式是社会发展的决定性力量？

2. 既然社会存在决定社会意识，那么，为什么同一时代条件下人们的思想、观念却丰富多彩、差异很大甚至相互对立？

3. 结合马克思主义的群众史观，谈谈你对坚持群众路线重要性的认识。

二、备课参考

1. 马克思、恩格斯：《德意志意识形态》（节选）第一卷第一章，《马克思恩格斯选集》第 1 卷，人民出版社 2012 年版。

2. 列宁：《国家与革命》第一章、第五章，《列宁选集》第 3 卷，人民出版社 2012 年版。

3. 列宁：《共产主义运动中的“左派”幼稚病》（节选），《列宁选集》第 4 卷，人民出版社 2012 年版。

4. 毛泽东：《关心群众生活，注意工作方法》，《毛泽东选集》第 1 卷，人民出版社 1991 年版。

5. 习近平：《纪念马克思诞辰 200 周年大会在京举行　习近平发表重要讲话》，2018 年 5 月 4 日。

6. 习近平：《习近平谈治国理政》第二卷，外文出版社 2017 年版。

7. 习近平：《习近平谈治国理政》第一卷，外文出版社 2018 年版。

8. 习近平：《习近平谈治国理政》第三卷，外文出版社 2020 年版。

9.《〈马克思主义基本原理概论〉辅导用书》，高等教育出版社 2020 年版。

10. 习近平：《在庆祝中国共产党成立100周年大会上的讲话》，人民出版社2021年版。

11. 中共中央：《中共中央关于党的百年奋斗重大成就和历史经验的决议》（2021年六中全会决议），人民出版社2021年版。

三、实践活动

（一）实践主题

“学党史、读经典、悟原理”

（二）实践目的

在纪念中国共产党成立100周年之际，“马克思主义基本原理”课程推出“学党史、读经典、悟原理”主题实践（综合作业）。要求每位同学在学习中国共产党百年历史的过程中，阅读相关马克思主义经典著作文献，并在学党史、读经典的基础上，领悟到中国共产党的百年历史也正是马克思主义基本原理与中国革命、建设和改革实际相结合的马克思主义在中国的发展史。

（三）实践要求

请选取中国共产党历史上的马克思主义经典著作文献一篇，进行阅读，并结合中国共产党的历史，谈谈该经典文献的历史背景、主要内容、所蕴含的马克思主义基本原理，以及自己本次“学党史、读经典、悟原理”主题实践（综合作业）的收获。

（四）实践形式

PPT、小论文、演讲视频、讲课视频等，任选一种形式。

第四章 资本主义的本质及规律

第一部分 教学概况

本章概述	本章主要包含了三方面的内容：第一节商品经济和价值规律；第二节资本主义经济制度的本质；第三节资本主义政治制度和意识形态。
学时安排	理论学时 8 学时（含课堂活动）
教学目的与教学目标	本章的教学目的是引导和帮助学生学习运用马克思主义的立场、观点、方法，准确认识资本主义生产方式的内在矛盾，深刻理解资本主义经济制度的本质，正确把握社会化大生产和商品经济运动的一般规律，正确认识和把握资本主义政治制度和意识形态的本质。 本章教学目标包括知识、价值、能力三个目标。 知识目标：准确理解私有制基础上商品经济的基本矛盾、劳动价值论及其意义、资本原始积累、剩余价值论及其意义、资本主义基本矛盾与经济危机、资本主义政治制度的特点和本质、资本主义意识形态的特点和本质等理论知识。 价值目标：引导学生认清资本主义经济制度、政治制度和意识形态的本质，坚定中国特色社会主义道路自信、理论自信、制度自信、文化自信。 能力目标：培养和提高学生运用马克思主义的立场、观点、方法，透过资本主义社会现象看资本主义经济制度、政治制度和意识形态本质的能力。

本章 教材分析	本章主要内容涉及马克思以唯物史观为指导，通过深刻分析资本主义生产方式，揭示了资本主义社会发展的规律，形成了马克思主义的政治经济学。教材中主要通过劳动价值论和剩余价值论两大马克思主义政治经济学理论，对商品经济一般规律和资本主义商品经济进行了分析。 本章第一节为马克思主义劳动价值论的内容。马克思劳动价值论揭示了商品经济的一般规律，对理解社会主义市场经济具有指导意义。马克思在劳动价值论中所揭示的关于商品生产和商品交换的一般理论，对于我国深化经济体制改革，完善社会主义市场经济体制，实现社会主义现代化建设的宏伟目标，具有重要的现实指导意义。 马克思劳动价值论为剩余价值论的创立奠定了基础。本章第二节内容为剩余价值论的内容。运用科学劳动价值论的观点，发现了资本家赚取剩余价值的秘密：资本家是利用资本主义生产资料私有制，无偿占有工人的剩余劳动，获取剩余价值，资本家与工人的关系存在着剥削与被剥削的关系。剩余价值论揭示了资本主义经济制度的本质是以资本主义私有制和雇佣劳动为基础的一种剥削制度。 全面认识资本主义的本质，不仅要认清资本主义经济制度的本质，也要认清资本主义政治制度的本质和资本主义意识形态的本质。在对资本主义经济制度本质分析的基础上，第三节对资本主义政治制度本质和意识形态本质进行了剖析。
教学 重点难点	教学重点： 1. 劳动价值论； 2. 剩余价值观论。 教学难点： 1. 剩余价值论及其意义； 2. 资本主义基本矛盾与经济危机。
教学设计	采用线上和线下混合式教学方法。本课程线上教学在中国大学 MOOC 平台。 线下教学专题： 1. 习近平这样谈当代中国马克思主义政治经济学； 2. 疫情下的“西方民主”。

第二部分　教学转化

第一节　商品经济和价值规律

【教学导入】(导学——全面认识资本主义)

同学们好！这一讲给大家介绍第四章资本主义的本质及其规律，导学部分在前面几章内容讲过了，马克思给我们提供了一个新的世界观，即辩证唯物主义，就是用唯物的和辩证的观点来认识世界。他又用这种新的世界观去分析人类社会，揭示了人类社会发展的一般规律，从而创立了历史唯物主义。恩格斯称之为"马克思一生中的两大发现之一"。辩证唯物主义和历史唯物主义构成了马克思主义哲学的内容。马克思又运用唯物史观去分析资本主义社会，创立了剩余价值理论，这是马克思的第二个发现。

第四章主要内容就是，马克思以唯物史观的基本思想为指导，通过深刻分析资本主义生产方式，揭示了资本主义社会发展的规律，形成了马克思主义的政治经济学。

马克思所生活的年代，正是资本主义基本矛盾激化、经济危机不断爆发的年代。1825 年，英国爆发人类历史上第一次经济危机，之后，经济危机周期性地爆发。人们认识到，资本主义相比于封建制度，对生产力发展有着巨大的优越性，正如马克思在《共产党宣言》中说过："资产阶级在它不到一百年的阶级统治中，所创造的生产力，比过去一切时代创造的全部生产力还要多。"但经济危机周期性爆发，说明这种制度也存在固有的缺陷，它不是人类历史上最好的，更不是最后的制度，它也有一个发生、发展和灭亡的过程。在它之后，必然有一种更优越的社会制度来取代它。也就是说，资本主义必然灭亡。为了说明这个结论，马克思探讨了资本运动规律。而资本又是由货币转化而来的。货币运动也有自身运动的规律，如果违背资本和货币运动的规律，就会遇到危机。货币同样是一个历史范畴，它是商品经济发展到一定阶段后的产物。这样要分析资本主义发展的规律，就必须先探讨商品是如何产生的，商品有哪些属性，等等。所以，对商品的分析就成为马克思主义政治经济学逻辑的和历史的起点。同时，资本主义的商品经济是高度发达的商品经济。商品是资本主义经济的细胞，商品中所包含的矛盾，隐藏着资本主义经济中一切矛盾的萌芽。所以马克思主义政治经济学是从分析商品开始，来研究资本主义生产关系。

马克思首先分析了简单商品经济的一般规律，揭示出价值规律是简单商品经济的基本规律，私人劳动和社会劳动之间的矛盾是简单商品经济的基本矛盾。

在对商品的矛盾分析中，他揭示出，商品的使用价值和价值是对立统一的矛盾关系，这对矛盾如果得不到解决，就会有经济危机的可能性。当货币产生后，货币作为流通手段，可能会出现买卖脱节，从而使经济危机的产生具有了形式上的可能性。在货币作为支付手段后，容易出现债务链断裂的可能，危机的可能性进一步加大了。但这只是经济危机的可能性，在简单商品经济条件下，经济危机还不会爆发。经济危机只有到了资本主义条件下才有了爆发的现实性。

接着，马克思通过对货币运动与资本运动的比较，揭示出资本与货币的本质区别，他认识到，货币转化为资本的前提是劳动力成为商品。资本家拥有生产资料所有权，工人拥有劳动力所有权，资本家雇佣工人、购买劳动力使用权从事生产劳动。资本家与工人的关系是一种雇佣与被雇佣的关系。资本主义制度首先是一种雇佣劳动制度。

马克思又对资本主义生产过程进行了深入分析，运用科学劳动价值论的观点，他发现了资本家赚取剩余价值的秘密：资本家是利用资本主义生产资料私有制，无偿占有工人的剩余劳动，获取剩余价值，资本家与工人的关系存在着剥削与被剥削的关系。资本主义制度本质上又是一种剥削制度。

所以说，资本主义经济制度的本质是以资本主义私有制和雇佣劳动为基础的一种剥削制度。

资本主义生产过程是不断反复进行的。马克思又进一步对资本再生产和资本积累进行了分析。通过对资本主义再生产的分析，进一步明确了资本家对工人的剥削关系，揭示出资本家所获得的剩余价值，甚至资本家的全部财富归根到底都是工人创造的。这就为无产阶级剥夺“剥夺者”提供了理论上的依据。通过对资本积累过程的研究发现，财富积累的两极分化是资本主义积累的一般规律。通过对剩余价值的实现与分配的分析，又揭示出资本家与工人的矛盾，不是个人与个人之间的矛盾，而是整个资本家阶级与整个工人阶级之间的矛盾。随着资本积累的不断进行，两大阶级之间的矛盾只会越来越加剧，无产阶级革命就具有了历史的必然性。资本积累的历史趋势一定是资本主义制度的必然灭亡和社会主义制度的必然胜利。

资本是在运动中增殖的。资本一旦不能运动就不能成其为资本。由于资本主义是私有制，企业是私人的，资本主义制度在个别资本的循环和周转方面是有其优势的，它能做到每个企业有组织、有计划地进行生产。但在对社会总资本运动的分析中却发现，社会总资本再生产要顺利进行，需要社会生产中生产资料生产和消费资料生产两大部类之间保持一定的比例关系，但由于是私有制，资本主义制度往往无法保证这些条件总能成立，这必然会造成社会总产品不能得到实现，因而必然会爆发经济危机。由此得出结论，经济危机的根源在于资本主义基本矛盾。要想从根本上消除经济危机，必须从根源上消灭资本主义私有制度。

由于唯物史观和剩余价值的发现，社会主义由空想变为科学。

我们全面认识资本主义的本质，不仅要认清资本主义经济制度的本质，也要认清资本主义政治制度的本质和资本主义意识形态的本质。

资本主义政治制度的形成和发展，在人类社会历史的发展进程中曾经起过重要的进步作用。但它本质上是为资产阶级利益服务的，是服从于资产阶级进行统治需要的政治工具。

资本主义意识形态中有文明进步的成分，但作为资产阶级经济和政治的集中反映，是为巩固资产阶级的政治统治、维护资本主义的政治制度，是为资产阶级的阶级剥削和阶级压迫服务的。

一、惊险跳跃——商品与货币

同学们好！前面讲过了马克思主义是从分析商品开始，来研究资本主义经济制度的。这一讲，我给大家介绍：商品与货币。

（一）商品及商品二因素

说到商品，大家再熟悉不过了，我们每天都要和各种各样的商品打交道，今天的人们离了商品，生活也许就会寸步难行。但商品不是从来就有的，它是人类社会发展到一定历史条件下产生的。

在原始社会，没有商品。那时的经济形式是自然经济。自然经济是指生产是为了直接满足生产者本人的需要，而不是为了交换。

商品经济作为自然经济的对立物，是以交换为目的的经济形式。它得以产生的社会历史条件有两个：一是存在社会分工，每个人生产的东西不同，这才有了交换的必要；二是生产资料和劳动产品属于不同的所有者，必须通过交换才能获得属于对方的东西，以满足自己的需要。

商品经济的发展经历了简单商品经济与发达商品经济两个阶段。简单商品经济出现于原始社会末期，在奴隶社会和封建社会有所发展，但不占主导地位，占主导地位的是自然经济。这种以生产资料私有制和个体劳动为基础的商品经济，叫简单商品经济。而到了资本主义社会，商品经济才成为普遍的经济形式。资本主义商品经济以生产资料私有制和雇佣劳动为基础，是商品经济的发达形态。

下面我们来看看什么是商品。

商品是用来交换、能满足人的某种需要的劳动产品。

首先，它是能满足人的某种需要的劳动产品，具有使用价值。使用价值是指商品能满足人的某种需要的有用性，反映的是人与自然之间的物质关系，是商品的自然属性。其次，商品的使用价值不是用来满足生产者自身需要的，而是通过交换用来满足别人的、社会的需要，因而又有交换价值。交换价值表现为一种使用价值同另一种使用价值相交换的量的关系或比例。决定商品交换价值的不是商品的使用价值，而是价值。价值是凝结在商品中的无差别的一般人类劳动。商品交换实际上是商品生产者之间相互交换劳动的关系，商品的价值在本质上体现了生产者之间一定的社会关系，是商品所特有的社会属性。价值是交换价值的基础，交换价值是价值的表现形式。任何有用物品都具有使用价值，但只有这种有用物品是劳动产品，并作为商品时才具有价值。

因此，商品具有使用价值和价值两个因素，是使用价值和价值的矛盾统一体。

商品的使用价值和价值之间是一种对立统一的关系。其对立性表现在：商品的使用价值和价值是相互排斥的，二者不可兼得。其统一性表现在：作为商品，必须同时具有使用价值和价值两个因素，二者缺一不可。商品这种内在的矛盾就隐含了商品经济中经济危机的可能性。

（二）生产商品的劳动二重性

商品是劳动产品，生产商品的劳动可区分为具体劳动和抽象劳动。具体劳动是指生产一定使用价值的具体形式的劳动，抽象劳动是指撇开一切具体形式的、无差别的一般人类劳动。生产商品的具体劳动创造商品的使用价值，抽象劳动形成商品的价值。马克思劳动二重性理论成为“理解政治经济学的枢纽”。劳动的二重性决定商品的二因素。这是马克思主义科学的劳动价值论。

商品价值量是如何决定的呢？

商品的价值是凝结在商品中的无差别的一般人类劳动，价值量是由生产商品所耗费的劳动量决定的。决定商品价值量的不是生产商品的个别劳动时间，而只能是社会必要劳动时间。商品的价值量与生产商品所耗费的劳动时间成正比，与劳动生产率成反比。

（三）价值形式的发展与货币的产生

在今天的现实生活中，商品的交换是以货币为媒介的。但货币也不是从来就有的，它和商品交换是紧密联系的。

从历史上看，商品价值形式的发展经历了四个阶段，即简单的或偶然的价值形式、总和的或扩大的价值形式、一般价值形式以及货币形式。从货币产生的历史过程可以看出，货币是在长期交换过程中形成的固定充当一般等价物的特殊商品，其本质是体现了商品生产者之间的社会关系。货币也是商品，也具有使用价值和价值；但它又是特殊的商品，它的价值可以直接体现出来，它的使用价值是双重的，除了其自然属性决定的使用价值外，它还具有购买其他商品的社会职能。

货币产生后，货币具有五种基本的职能，即价值尺度、流通手段、贮藏手段、支付手段和世界货币。其中，前两种是最基本的职能。随着货币的产生，整个商品世界分化为两极：一极是各种各样的具体商品，分别代表不同的使用价值；另一极是货币，只代表商品的价值。这样就使商品内在的使用价值和价值的矛盾发展成为外在的商品和货币的矛盾。一切商品只要转换成货币，商品使用价值和价值的矛盾才能得到解决，从而使商品的价值得到实现。投放到商品世界的货币量应大致相当于商品的价值量。如果投放的货币量大于商品的价值量，就有可能产生通货膨胀，反之，则会出现通货紧缩。货币运动必须遵循货币流通规律。所以，货币的出现，一方面，有利于解决商品交换的困难，促进了商品经济的发展；另一方面，又使商品的内在矛盾外化出来了。所以，马克思把商品转换成货币称为“商品的惊险的跳跃”，“这个跳跃如果不成功，摔坏的不是商品，但一定是商品占有者”。

总之，资本主义发达的商品经济是从简单商品经济发展而来的。商品包含的矛盾，隐藏着资本主义经济一切矛盾的萌芽。不理解简单商品经济的本质，就无法理解资本主义经济危机的实质和根源。

二、无形之手——商品经济的基本规律与基本矛盾

各位同学好！这一讲给大家介绍商品经济的基本规律与基本矛盾。

前面讲过，简单商品经济是资本主义商品经济的基础，要弄清资本主义经济制度的本质，必须先了解商品经济的基本规律。

（一）商品经济的基本规律

当我们畅游在商品世界时，我们的眼睛不仅盯着具有各种各样使用价值的商品，更关心商品的价格高低，因为它更直接关系到我们的钱袋子。对于商品的价格，人们经常感到困惑，为什么有些商品的价格变得离谱，商品的价格像过山车一样，高的时候高得消费者肉疼，低的时候又低得生产者心疼。“蒜

你狠”“豆你玩”“姜你将”经常成为人们茶余饭后的谈资。人们望着满城市的天价楼房，感叹囊中羞涩。这一切到底是怎么回事？是什么决定和影响着商品的价格？这背后有什么规律吗？

商品世界精彩纷呈，变化多端，但纷繁复杂的经济现象的背后，是有规律可循的。这个规律就是价值规律。它决定着商品生产者如何定价，决定着消费者如何购买的一切行为。

价值规律的主要内容和客观要求是：商品的价值量由生产商品的社会必要劳动时间决定，商品交换以价值量为基础，按照等价交换的原则进行。

价值规律要求在商品交换中实行等价交换，但在现实的交易中，商品交换又很少能够实现等价交换。在商品经济中，价值规律的表现形式是，商品的价格围绕商品的价值上下自发波动。这是因为，在商品交换过程中，供求关系是一个不能排除的因素。

由于供求关系变动的影响，商品价格总是时而高于价值，时而低于价值，不停地围绕价值这个中心上下波动。这种表现形式是不是违背价值规律呢？答案是否定的。它不仅不违背价值规律，而恰恰体现了价值规律的要求。当商品价格高于价值时，生产者的供应就会增加，消费者的需求会减少，迫使商品的价格降低而趋于价值。反之，当价格低于价值时，消费者的需求就会增加，而生产者的供应则会减少，迫使商品的价格提高而趋于价值。价值规律的等价交换正是通过商品的价格围绕价值这个中心上下波动中来体现的。

价值规律贯穿于商品经济的全部过程，它既支配商品生产，又支配商品流通，是商品经济的基本规律。

价值规律是在市场配置资源的过程中体现它的客观要求和作用的。价值规律的作用表现在以下几个方面：

第一，自发地调节生产资料和劳动力在社会各生产部门之间的分配比例。在商品经济条件下，当某种商品价格高于价值时，生产者有利可图，生产资料和劳动力会流向这个生产部门，增加这种商品的供给；反之，当这种商品价格低于价值时，社会资源会流出这个部门。价格就像一个指挥棒，引导社会资源流向短缺的部门，自发地起着资源配置的作用。但这种自发性往往会导致资源配置的盲目性，造成资源浪费。

第二，自发地刺激社会生产力的发展。在商品经济条件下，商品是按照由社会必要劳动时间所决定的社会价值进行交换的。商品生产者为了获得较多的利益，并在竞争中获胜，努力使自己的个别劳动时间低于社会必要时间，必然要不断改进技术，提高劳动生产率，从而推动社会生产力的发展。

第三，自发地调节社会收入的分配。在实际的生产活动中，生产条件好的商品生产者，由于个别劳动时间低于社会必要劳动时间，必然会得到更多的收入，又会有条件更进一步改善生产条件，获得更多的收入；反之，条件越差，收入越少，更难改善劳动条件，收入更少。这样，就调节了社会收入在不同商品生产者之间的分配。但这种自发的调节作用往往也会导致两极分化。

（二）以私有制为基础的商品经济的基本矛盾

在以私有制为基础的商品经济中，由于是私有制，商品生产者的劳动具有私人性，是私人劳动。但商品生产者生产商品又是为了满足社会的需要，因而又具有社会性，是社会劳动。只有通过交换，把私人劳动转化成社会劳动，才能体现出商品的本质，如果不能实现这个转化，商品就不能成其为商品。

私人劳动和社会劳动的矛盾是私有制商品经济的基本矛盾，这是因为：

首先，这一矛盾决定着商品经济的本质及其发展过程。交换体现了商品经济的本质。商品的交换既是由私人劳动和社会劳动的矛盾决定的，也是解决这一矛盾的唯一途径。

其次，这一矛盾是商品经济其他一切矛盾的基础。在私有制商品经济条件下，商品经济存在着诸多矛盾，如使用价值与价值、具体劳动与抽象劳动、个别劳动时间与社会必要劳动时间的矛盾，这些矛盾归根到底是由私人劳动和社会劳动的矛盾决定的。

最后，这一矛盾决定着商品生产者的命运。私人劳动转化为社会劳动，意味着商品售卖了出去，生产者才能生存和进行再生产；反之，生产者无法生存，因而它决定着生产者的经济利益甚至命运。

在私有制条件下，私人劳动和社会劳动之间的矛盾是简单商品经济的基本矛盾。在资本主义制度下，这种矛盾进一步发展成资本主义的基本矛盾，正是这一矛盾的不断运动，才使资本主义制度最终被社会主义制度所代替具有了客观必然性。

总之，价值规律是商品经济的基本规律。正确理解价值规律，不仅对深刻认识资本主义制度的本质具有重要意义，而且对在社会主义市场经济条件下如何理解和尊重价值规律的作用有重要意义。正确认识商品经济的基本矛盾，才能深刻理解资本主义基本矛盾，才能把握资本主义的历史命运。

第二节　资本主义经济制度的本质

一、雇佣劳动——资本主义经济制度的本质

同学们好！今天给大家介绍资本主义经济制度的本质。

前面讲过，马克思主义的唯物史观揭示了人类社会历史发展经历的五种社会形态：原始社会、奴隶社会、封建社会、资本主义社会和共产主义社会。资本主义私有制是在封建私有制基础上产生的。

资本主义经济制度的形成是以劳动力成为商品为前提条件的。所以，认识资本主义经济制度的本质必须从理解劳动力成为商品入手。

（一）劳动力成为商品与货币转化为资本

资本，是到了资本主义社会才有的范畴。资本是如何产生的呢？

马克思首先比较了货币运动与资本运动，发现二者既有联系，又有区别。货币与资本之间有一个转化的过程。从资本运动总公式的分析中，马克思得出结论，资本不同于货币，它是带来剩余价值的价值。资本之所以增殖，是因为资本家在购买阶段买到了一种特殊的商品，它的使用能创造价值。按照马克思劳动价值论的观点，价值是劳动创造的，劳动力的使用就是劳动。也就是说资本家购买到了劳动力这种商品。所以说，货币转化为资本的前提是劳动力成为商品。也就是说，资本家必须雇佣到劳动力从事劳动，货币才能转化为资本，资本主义生产关系才得以存在。

（二）劳动力商品及其特点

劳动力是指人的劳动能力，是人的脑力和体力的总和。在资本主义以前的社会形态中，劳动者都具有劳动力，但他们的劳动力都不是商品，为什么到了资本主义社会，人的劳动力成为商品了呢？

劳动力成为商品，要具备两个基本条件：其一，劳动者是自由人，有权把自己的劳动力当作商品来出卖。奴隶社会的奴隶因为没有人身自由，所以不能出卖自己的劳动力。其二，劳动者没有生产资料，自由得一无所有。农民有土地，也不用出卖劳动力。而到了资本主义社会，这两个条件都同时具备了。工人有人身自由，却没有生产资料，生产资料归资本家所有。资本家必须购买劳动力才能开展生产活动，劳动力就成了商品。劳动力成为商品，标志着简单商品生产发展到资本主义商品生产的新阶段。

像任何商品一样，劳动力商品也具有价值和使用价值。但是，劳动力是特殊的商品，它的价值和使用价值具有不同于普通商品的特点。劳动力商品的价值与其他商品一样，也是由生产它的社会必要劳动时间来决定，可以把它折算成生产、发展、维持和延续劳动力所必需的生活必需品的价值。具体讲，它包括三个部分：（1）维持劳动者本人生存所必需的生活资料的价值；（2）维持劳动者家属的生存所必需的生活资料的价值；（3）劳动者接受教育和训练所支出的费用。劳动力价值的构成包含着历史和道德的因素。

劳动力商品在使用价值上有一个很大的特点：它的使用价值就是劳动，劳动能够创造新的价值，而且能创造出比劳动力本身的价值更大的价值。正是由于这一特点，货币所有者购买到劳动力以后，在消费过程中，不仅能够收回他在购买这种劳动力商品时支付的价值，还能得到一个增殖的价值。而一旦货币购买的劳动力带来剩余价值，货币也就变成了资本。

在资本主义条件下，资本家剥削剩余价值具有隐蔽性。资本家购买劳动力按照等价交换原则进行，于是在人们的观念上形成一种错觉，资本家支付给工人工资，工人的劳动得到了报酬，其实，劳动不是商品，劳动力是商品。资本家购买的是劳动力而不是劳动，资本家支付给工人的工资本质上只是劳动力的价值或价格，而不是劳动报酬。

马克思通过对劳动力商品的特点和资本总公式的矛盾的分析，揭示了剩余价值的真正来源，阐明了资本的实质，为科学认识资本主义经济制度的本质提供了有力的理论武器。

（三）资本主义所有制的含义与本质

资本主义到底是一种什么样的社会制度？

1. 资本主义所有制的含义

资本主义所有制是生产资料归资本家所有的一种私有制形式。资本家拥有生产资料的所有权，劳动者拥有劳动力，但与生产资料相分离。为了维持生存，劳动者不得不将劳动力出卖给资本家；为了生产，资本家必须购买工人的劳动力。这样，资本家与工人的关系就是一种雇佣劳动关系。在这种关系中，工人拥有出卖自己劳动力并获取工资报酬的权力，而资本家凭借对生产资料的所有权，有权支配工人的劳动，有权占有劳动产品。

2. 资本主义所有制的本质

从历史上看，奴隶制度、封建制度和资本主义制度都是剥削制度，所不同的是，在不同的剥削制度下，劳动者与生产资料的结合方式不同。

与以往的剥削制度不同，资本家与工人的关系不是完全占有，也不是人身依附，而是基于劳动者完全的人身自由基础上的“平等”关系。正因为如此，资本家只能通过购买工人的劳动力的方式，将劳动者与生产资料结合在一起进行生产。资本与雇佣劳动的关系表面上是“平等”的，但实际上是，资本家凭借对生产资料的占有，在等价交换原则的掩盖下无偿占有工人的剩余劳动，是一种剥削与被剥削的关系。所以说，资本主义所有制是以雇佣劳动为基础的一种剥削制度。资本家与工人之间是雇佣与被雇佣、剥削与被剥削的关系。这就是资本主义所有制的本质。

二、增殖过程——资本的运动与再生产

同学们好！今天给大家介绍资本的运动与再生产。

前面讲过，资本是带来剩余价值的价值。但资本只有在不断的运动中才能实现增殖。如果资本不能运动，出现了停滞，资本就不能成其为资本。资

本不存在了，资本主义也就不存在了。资本主义制度如果能维持资本不停地运动，资本主义就能存在下去，但如果资本主义制度本身存在缺陷，它不能保证资本运动的条件总是成立，那资本主义就会遇到危机，资本主义就不是永恒的社会制度。

那资本主义在制度设计上能否做到保证资本运动的条件总是成立呢？

马克思从个别资本运动和社会资本运动两个方面作了分析。

（一）个别资本的运动和再生产

在资本主义经济体系中，存在着大量的、一个个相对独立的企业或资本，每个企业都在行使着资本的职能，从事着剩余价值的生产和实现。这些各自独立发挥资本职能的资本叫个别资本。每个个别资本不仅要从事生产活动，生产出剩余价值，同时也要从事流通活动，以实现凝结在商品中的价值和剩余价值，从而使资本主义生产过程能够反复进行，资本主义经济制度得以延续。

首先来看看个别资本的运动，即资本的循环和周转过程。产业资本循环是资本从一种形式出发，经过一系列形式的变化，又回到原来出发点的运动。这个循环过程，一般都要经过购买、生产和售卖三个阶段。在购买阶段，资本家购买生产资料与劳动力，产业资本执行的是货币资本的职能，是为生产剩余价值做准备的。在生产阶段，即生产资料与劳动力按比例结合在一起从事资本主义生产，它执行的是生产资本的职能，是生产剩余价值的。在售卖阶段，产业资本所执行的是商品资本的职能，通过商品买卖实现商品的价值和剩余价值。这三个阶段只有连续不断地进行，企业才能得以生存。

产业资本循环的运动，必须具备两个基本前提条件：一是产业资本的三种职能形式必须在空间上并存，即产业资本必须按照一定比例同时存在于货币资本、生产资本和商品资本这三种形式中。二是产业资本的三种职能形式必须在时间上继起，即产业资本循环的三种职能形式的转化必须保持时间上的依次连续性。

资本必须不断地、周而复始地循环，才能不断地带来剩余价值。这种周而复始、不断反复着的资本循环，就叫作资本周转。如果每一次资本周转带来的剩余价值一定，则资本周转越快，在一定时期内带来的剩余价值就越多。影响资本周转快慢的因素有许多，关键的因素有两个：一是资本周转的时间，二是生产资本的固定资本和流动资本的构成。

由于资本主义是私有制，虽然资本循环的条件在资本主义制度下并不总是能够具备的，但因为企业的好坏与资本家的利益和命运紧密地联系在一起，资本家必然会尽其所能维持企业高效、高速地循环与周转。在这一点上，资本主义制度有它优越性的一面。这也是社会主义企业应该学习和借鉴的地方。

那资本主义制度到底是在哪一方面存在问题呢？我们将在后面进行分析。

（二）社会总资本的运动与再生产

各个个别资本虽然彼此分离、各自独立，但它们之间存在着千丝万缕的联系。这些相互联系的个别资本的总和，就是社会总资本。当马克思把这些作为一个整体的社会总资本作为研究对象时，他就揭露出资本主义经济体系所包含的对抗性矛盾，也就是它的内在的、根本的、致命的缺陷。

个别资本运动的核心是生产和实现剩余价值，而社会总资本运动的核心问题是社会总产品的实现问题，即社会总产品的价值补偿和实物补偿问题。

社会总资本再生产的顺利进行，要求生产中所耗费的资本在价值上得到补偿，同时要求实际生产过程中所耗费的生产资料和消费资料得到实物的替换。否则社会再生产就会陷于停顿。这是不以人的意志为转移的客观规律。

社会总产品在实物上得到替换，在价值上实现补偿，客观上就要求两大部类内部各个产业部门之间以及两大部类之间保持一定的比例关系，社会总产品的价值补偿和实物替换才能正常实现，社会再生产才能顺利进行。

然而在这一方面，资本主义制度的缺陷就暴露了出来。由于资本主义是私有制，两大部类的生产都是在价值规律和剩余价值规律的作用下自发进行的，具有严重的盲目性，这就导致了两大部类生产在规模上和结构上经常处于失衡状态。这种失衡和脱节经常表现为生产过剩，以至于社会总产品的实现难以顺利进行，严重的就会引发经济危机。经济危机实际上是资本主义条件下以强制的方式解决社会再生产的实现问题的途径，这种解决方式虽然最终也能够使社会再生产由失衡慢慢转变为平衡，却是以社会经济生活的严重混乱甚至瘫痪，以及社会资源和财富的极大浪费为代价的。显然，这不是一种理想的解决办法。经济危机的根源在于资本主义私有制。

从上面的分析可以看出，马克思对资本主义经济制度作了辩证的、全面的分析。他通过对个别资本运动的分析，看到了资本主义私有的经济制度在推动个别资本循环和周转运动方面有其优越的一面。但又通过对社会总资本运动的分析，揭示出了资本主义经济制度在维持社会总资本运动方面存在着致命的缺陷。也同样是由于资本主义私有制的存在，它不能从根本上保证社会生产按比例进行，因而必然会导致经济危机的不断爆发。要想避免经济危机，按照马克思主义经典作家的设想，就要从根本上消灭私有制，实行公有制，社会生产按比例、有计划进行。所以最早创立社会主义国家的苏联和后来的中国都建立了公有制的、高度集中的计划经济体制。这种体制虽然在经济建设方面也取得了一定的成功，并有效地避免了经济危机，但它的弊端也比较突出，存在信息不完全、不充分、不对称和激励不足等问题。“两害相权取其轻，两利相权取其重”，所以，后来中国又转向了市场化改革。但为避免市场在资源配置中的消极作用，十九大报告中明确要“使市场在资源配置中起决定作用，更好发挥政府作用”，要建立和完善社会主义市场经济体制。

三、剥削秘密——剩余价值生产与积累

同学们好！下面我们给大家介绍剩余价值生产与积累。

前面讲过，资本主义生产的目的和动机就是为了追求尽可能多的剩余价值。资本家是如何获得剩余价值的呢？按照马克思科学劳动价值论的观点：劳动创造价值，剩余价值显然也是劳动创造的。这就得首先从资本主义生产过程说起。

（一）资本主义生产过程与剩余价值生产

1. 资本主义生产过程

资本主义商品生产过程与简单商品生产过程有相同点，都是劳动者与生产资料相结合、生产某种产品的劳动过程，也都包含一个价值形成的过程。但又有不同点，它不仅是价值形成过程，而且是价值增殖过程。这是因为，资本主义生产过程有两个特点：一是资本家有权支配工人的劳动，二是资本家有权占

有劳动产品。这是由资本主义所有制决定的。由于资本家有权支配工人的劳动，资本家在购买工人的劳动力后，就有权延长劳动时间，当劳动时间延长到超过劳动力价值的补偿时间这个一定点时，剩余劳动和剩余价值就产生了。而由于资本家又有权占有劳动产品，凝结在商品的剩余价值就被资本家占有。

工人的劳动时间可以分为必要劳动时间和剩余劳动时间两部分，工人在必要劳动时间内的劳动创造的价值用来补偿工人的工资，而剩余劳动时间内创造的剩余价值被资本家“有权”无偿占有。所以，剩余价值是雇佣工人所创造的、并被资本家无偿占有的、超过劳动力价值的那部分价值，它是雇佣工人剩余劳动的凝结，体现了资本家与雇佣工人之间剥削与被剥削的关系。

从剩余价值的生产过程中我们更清楚地看到，资本是能够带来剩余价值的价值。资本的本质体现的是资本主义社会的生产关系。

2. 不变资本与可变资本

资本在资本主义生产过程中采取生产资料和劳动力两种形态，根据这两部分资本在剩余价值生产中所起的不同作用，将资本区分为不变资本与可变资本。

不变资本是以生产资料形态存在的资本，包括劳动资料和劳动对象。可变资本是用来购买劳动力的那部分资本。

把资本区分为不变资本和可变资本，其意义有两个方面：一是更进一步揭示了剩余价值的源泉。它表明，剩余价值既不是由全部资本创造的，也不是由不变资本创造的，而是由可变资本雇佣的劳动者创造的。雇佣劳动者的剩余劳动是剩余价值的唯一源泉。二是这种划分也为确定剥削程度提供了科学依据。资本家对工人的剥削程度，即剩余价值率，可以用剩余价值和可变资本之比来表示。

3. 剩余价值生产的两种基本方法

由于剩余价值是在剩余劳动时间内创造的，因此，资本家要想获得更多的剩余价值，就得想法延长剩余劳动时间。剩余价值生产最基本的方法有两种，即绝对剩余价值生产和相对剩余价值生产。

绝对剩余价值是指在必要劳动时间不变的条件下，由于延长工作日的长度和提高劳动强度而生产的剩余价值。按照资本主义的生产关系，资本家有权延长劳动时间，但无限延长时间会受到两个因素的制约，一是生理的因素，二是道德的因素。特别是由于过度延长劳动时间给工人阶级带来巨大的损害，必然会受到工人阶级的抵抗。资本家转而在调整必要劳动时间与剩余劳动时间的比例上下功夫。在工作日长度不变的条件下，通过缩短必要劳动时间、相对延长剩余劳动时间的方法，增加剩余价值的生产，这叫相对剩余价值生产。

（二）资本积累

从一次资本主义生产过程中，我们能看出剩余价值是如何生产出来的。但资本主义生产过程不是一次就结束了。它要反复地、不断地进行下去。

1. 资本主义再生产是生产过程再生产与资本主义生产关系再生产的统一

资本主义简单再生产就是资本家把剩余价值全部用于个人消费，生产在原有规模的基础上重复进行。通过分析，马克思得出了三个结论：一是资本家用来支付给工人的工资表面上看是资本家的，是资本家养活工人，但在再生产的过程中，可以看出它是工人自己创造的，即，不是资本家养活工人，而是工人养活自己，并且也是工人养活了资本家；二是不仅可变资本而且全部预付资本归根到底都是工人创造的；三是工人的个人消费从属于资本家，工人没有独立的地位。这清晰地展示了资本家与工人之间的不平等关系。

但是，资本主义再生产的特点是扩大再生产。资本家获得剩余价值后，并不是将其完全用于个人消费，而是将一部分转化为资本，用以购买追加的生产资料和劳动力，使生产在扩大的规模上重复进行，这就是资本主义扩大再生产。

2. 资本积累

把剩余价值转化为资本，或者说，剩余价值的资本化，就是资本积累。

在这里，资本积累是资本主义扩大再生产的源泉。资本家用来追加的资本一开始就是工人创造的剩余价值，所以说，资本积累的实质，就是资本家不断地利用无偿占有的工人创造的剩余价值来扩大自己的资本规模，进一步扩大和加强对工人的剥削和统治。这更加清晰地揭示了资本家与工人之间的不平等关系在不断加深。

资本积累的源泉是剩余价值，资本积累规模的大小取决于以下四个方面的因素：资本家对工人的剥削程度、劳动生产率的高低、所用资本和所费资本之间的差额以及资本家垫付资本的大小。

3. 资本积累的后果：资本积累的后果对工人阶级是极为不利的

一是随着资本积累和生产规模的扩大，社会财富的积累出现两极分化，一极是财富越来越集中于少数资本家手中，另一极是作为大多数的工人只拥有社会财富的较小部分。

二是资本积累也是资本主义社会失业现象产生的根源。资本家为了追求更多的剩余价值，并在激烈的竞争中取胜，必然会追求企业做大做强。“做大”主要是通过资本积聚和资本集中两种方式来实现，而“做强”则主要依靠提高资本有机构成来实现。由于可变资本相对量的减少，其结果必然是资本对劳动力的需求日益相对或绝对地减少，不可避免地造成大批工人失业，形成相对过剩人口。

从上面分析可以看出，剩余价值理论的提出，揭示了资本家赚钱的秘密，揭示了资本主义生产的实质。而资本积累的不断进行，使得工人阶级与资产阶级的两极分化现象更加严重，工人的失业现象更加突出，资产阶级与无产阶级的矛盾只会越来越加剧，无产阶级革命因而就具有了历史的必然性。资本主义积累的历史趋势一定是资本主义制度的必然灭亡和社会主义制度的必然胜利。

四、危机根源——资本主义的基本矛盾与经济危机

同学们好！今天，给大家讲资本主义经济危机。

自从 1825 年，英国爆发了人类历史上第一次经济危机之后，它就像一个幽灵一般，死死地与资本主义社会纠缠在一起。我们一谈到资本主义，就不由得想到经济危机。为什么人类社会到了资本主义阶段，就爆发了经济危机呢？

马克思在分析商品使用价值与价值的矛盾关系时就认识到，商品经济本身就蕴含着经济危机的可能性。当货币出现后，货币作为流通手段，经济危机的产生具有了形式上的可能性。在货币作为支付手段后，这种危机的可能性进一步加大了。但这只是形式上的可能性，在简单商品经济条件下，经济危机还不会爆发。经济危机只有到了资本主义条件下才有了爆发的现实性。这是为什么呢？这是由资本主义基本矛盾决定的。

（一）资本主义基本矛盾

在哲学部分我们讲过，任何社会的基本矛盾都是生产力与生产关系、经济基础与上层建筑之间的矛盾。资本主义也是如此。这一矛盾在资本主义社会具体体现为：生产社会化和生产资料资本主义私人占有之间的矛盾，这就是资本主义基本矛盾。

在资本主义条件下，随着科学技术的进步和社会生产力的不断发展，资本主义生产不断社会化。这是资本主义生产力发展的重要特征。"生产的社会化"是与"生产个人化""生产分散化"相对立的。它包括生产资料的社会化、生产过程的社会化和商品市场的社会化。已经社会化的、由劳动者共同使用的生产资料，应该由全体劳动者共同所有；已经在整个社会范围内实行严密分工、协作而社会化了的生产过程，应该按照社会需要进行管理。但由于资本主义是资本家私人占有制，高度社会化的生产资料、产品和生产过程，却被各自追求最大限度利润和私人利益的少数资本家进行占有和管理。这就形成了资本主义所特有的生产社会化和生产资料资本主义私人占有之间的矛盾。这是生产力和生产关系之间的矛盾在资本主义社会的具体体现。科学技术以及社会生产力越发展，生产社会化的程度越高，资本主义这种矛盾就越尖锐和突出。当这种矛盾尖锐到不可调和时，必然会引发经济危机。

（二）经济危机的表现与实质

从表面上看，经济危机是以生产过剩为基本特征的生产危机。当经济危机发生时，大量商品积压，大批生产企业减产或停工，许多金融机构倒闭，整个社会经济生活陷入停滞。表面上看，生产过剩是资本主义经济危机的特征，但是这种过剩实质上是生产相对过剩，即相对于劳动人民有支付能力的需求来说社会生产的商品显得过剩，而不是与劳动人民的实际需要相比的绝对过剩。

（三）资本主义的基本矛盾与经济危机

前面讲过，经济危机与商品的内在矛盾是联系在一起的。只要有商品经济，就有经济危机的可能性。在奴隶社会和封建社会就已经有商品经济了，但那时并没有爆发经济危机，为什么到资本主义社会后就发生经济危机了呢？

资本主义经济危机爆发的根本原因是资本主义的基本矛盾。前面讲的马克思的社会总资本再生产理论表明，社会总资本再生产要顺利进行，社会经济各部门之间必须保持一定的比例关系。但由于资本主义资本家私人占有与这种生产社会化要求按比例进行之间存在着矛盾，社会总资本再生产顺利进行所需要的条件往往难以具备，经济危机就会不可避免地爆发。

资本主义基本矛盾具体表现在以下两个方面：其一，生产无限扩大的趋势与劳动人民有支付能力的需求相对缩小之间的矛盾；其二，单个企业内部生产的有组织性和整个社会生产的无政府状态之间的矛盾。

（四）资本主义经济危机的周期性

资本主义经济危机具有周期性。资本主义爆发经济危机，但它并不总是处于危机之中。当危机爆发后，企业纷纷倒闭，生产大幅下降，从而使供求矛盾得到缓解，逐步渡过经济危机。经过恢复和高涨，资本主义基本矛盾又重新激化，必然会导致再一次经济危机的爆发。

资本主义经济危机周期性爆发的特点，使社会资本再生产也呈现出周期性的特点，社会资本再生产的周期一般包括四个阶段，即危机、萧条、复苏和高涨。其中危机阶段是周期的决定性阶段。没有危机阶段，就不存在资本主义再生产的周期性。

在当代，资本主义社会仍然有可能会爆发经济危机。但在20世纪，特别是二战以后，垄断和国家垄断的出现以及科技革命的爆发、经济全球化的发展，使资本主义经济危机出现了新的特点。

但不管怎样，只要资本主义制度存在，资本主义基本矛盾存在，经济危机虽然可能会得到一定程度的缓解，可能会出现一些新的特点，但绝不会从根本上被消除。要从根本上消除经济危机，就必须从根源上消灭资本主义制度。

第三节　资本主义政治制度和意识形态

（本节安排线下专题讲授，略）

第三部分　教学拓展

一、课后思考

1. 如何理解商品二因素的矛盾来自劳动二重性的矛盾，归根结底来源于私人劳动和社会劳动之间的矛盾？

2. 商品的价值量是由生产商品所耗费的劳动量决定的，但为什么不能由任何一个商品生产者所耗费的个别劳动时间来决定？

二、备课参考

1. 马克思、恩格斯：《德意志意识形态》（节选）第一卷第一章，《马克思恩格斯选集》第1卷，人民出版社2012年版。

2. 列宁：《国家与革命》第一章、第五章，《列宁选集》第3卷，人民出版社2012年版。

3. 列宁：《共产主义运动中的“左派”幼稚病》（节选），《列宁选集》第4卷，人民出版社2012年版。

4. 习近平：《不断开拓当代中国马克思主义政治经济学新境界》，《求是》2020年第16期。

5.《〈马克思主义基本原理概论〉辅导用书》，高等教育出版社2020年版。

6. 习近平：《在庆祝中国共产党成立100周年大会上的讲话》，人民出版社2021年版。

7. 中共中央：《中共中央关于党的百年奋斗重大成就和历史经验的决议》（2021年六中全会决议），人民出版社2021年版。

三、实践活动

（一）实践活动主题

“学原理、读经典、看现实”

（二）实践活动目的

提高学生运用马克思主义基本原理观察问题、分析问题和解决现实问题的能力。

（三）实践活动任务

1. 经典阅读：选取下面所推荐著作中的一项或一篇进行重点阅读。

（1）马克思的《资本论》

（2）习近平的《不断开拓当代中国马克思主义政治经济学新境界》

2. 完成作业：在阅读基础上，完成1500字左右的读后感。

第五章　资本主义的发展及其趋势

第一部分　教学概况

本章概述	本章主要包含了三方面的内容：第一节垄断资本主义的形成与发展；第二节正确认识当代资本主义的新变化；第三节资本主义的历史地位和发展趋势。
学时安排	理论学时 4 学时（含课堂活动）
教学目的与教学目标	本章的教学目的是引导和帮助学生学习了解资本主义从自由竞争发展到垄断的进程，科学认识国家垄断资本主义和经济全球化的本质，正确认识第二次世界大战后资本主义的新变化及 2008 年国际金融危机以来资本主义的矛盾与冲突，深刻理解资本主义的历史地位及其为社会主义所代替的历史必然性，坚定资本主义必然灭亡、社会主义必然胜利的信念。 本章教学目标包括知识、价值、能力三个目标。 知识目标：引导学生理解私人垄断资本主义的形成及特点、国家垄断资本主义的特点和实质、经济全球化的表现及影响、第二次世界大战后资本主义的新变化及实质、2008 年国际金融危机以来资本主义的矛盾与冲突、资本主义的历史地位及其为社会主义所代替的历史必然性等理论知识。 价值目标：引导学生深刻理解资本主义的历史地位及其为社会主义所代替的历史必然性，坚定资本主义必然灭亡、社会主义必然胜利的信念。引导学生树立人类命运共同体理念。 能力目标：引导学生学会正确运用唯物史观与剩余价值论分析资本主义向未来更高社会形态发展的必然趋势。

本章 教材分析	本章将社会基本矛盾辩证运动原理贯穿资本主义发展过程，对资本主义从自由竞争到垄断，从一般垄断到国家垄断，进行了梳理分析，揭示出国家垄断资本主义本质，并透过资本主义新变化现象，进一步剖析资本主义本质，对资本主义的历史地位与发展趋势进行了科学研究。 本章第一节在运用社会基本矛盾辩证运动原理分析资本主义发展过程的同时，运用历史与逻辑相统一的辩证思维方法，对资本主义社会从产生发展到今天，经历的自由竞争资本主义和垄断资本主义两个阶段进行了分析，明确指出国家垄断资本主义是垄断资本主义的新发展，仍然是资本主义经济制度内的经济关系调整，并没有从根本上消除资本主义的基本矛盾。 本章第二节通过对当代资本主义新变化的表现、动因和实质的分析发现：虽然当代资本主义发生了一些新变化，但是这些变化并没有改变资本主义制度的本质，并没有克服资本主义的基本矛盾，也没有改变马克思主义关于资本主义基本论断的科学性，根源于资本主义基本矛盾的金融危机和经济危机依然是资本主义不可克服的痼疾。 本章第三节在对资本主义本质进行揭示和指导我们正确认识当代资本主义的新变化的基础上，对资本主义的历史地位和发展趋势进行了系统分析，进一步说明了资本主义被社会主义所代替的历史必然性。
教学 重点难点	教学重点： 1. 垄断资本主义的形成与发展； 2. 第二次世界大战后资本主义新变化及实质。 教学难点： 1. 第二次世界大战后资本主义的新变化及实质； 2.2008 年国际金融危机以来资本主义的矛盾与冲突。
教学设计	采用线上和线下混合式教学方法。本课程线上教学在中国大学 MOOC 平台。 线下教学专题： 认清垄断资本主义的本质。

第二部分　教学转化

第一节　垄断资本主义的形成与发展

【教学导入】（导学——把握资本主义的发展趋势）

同学们好。今天给大家介绍资本主义的发展及其趋势。

这一章主要给大家介绍“资本主义发展的历史阶段”。资本主义社会从产生发展到今天，主要经历了自由竞争资本主义和垄断资本主义两个阶段。对资本主义的发展阶段，我们要把握住两个时间节点。一是19与20世纪之交。这是自由竞争资本主义向垄断资本主义过渡的阶段。二是第二次世界大战。二战前私人垄断资本主义占主导地位，二战后，国家垄断资本主义成为当代资本主义的最重要的特征，并在经济生活中起着支配作用。

马克思和恩格斯对自由竞争资本主义进行了深刻的剖析。自由竞争资本主义的基本特征是自由竞争、自由放任、自由调节。在这个阶段，在资本主义经济生活中，存在着大量的中小企业，企业之间展开自由竞争，每个企业都在通过改进经营管理、提高技术水平和劳动生产率，努力使自己产品的个别劳动时间低于社会必要劳动时间，从而获得超额剩余价值或超额利润。超额剩余价值或超额利润反映了同一部门内部不同资本家之间的竞争关系。在自由竞争条件下，价值规律的表现形式是围绕价值这个中心上下波动。

由于存在着部门之间的竞争，资本可以自由转移，各部门的资本家按照平均利润率的规律来瓜分剩余价值。剩余价值实行按资分配，产业资本家获得产业利润，商业资本家获得商业利润，银行资本家获得银行利润，它们大致相当于平均利润的水平；而借贷资本家获得低于平均利润的利息，土地所有者获得平均利润以上的那部分剩余价值即地租。在利润平均化的条件下，商品的市场价格是以生产价格来出售，价值规律的表现形式也发生了变化，它不再以价值为中心上下波动，而是围绕生产价格上下波动，而平均利润体现出无产阶级与资本家的矛盾不是个人之间的矛盾，而是整个无产阶级和整个资产阶级之间的矛盾。

在 19 世纪末，爆发了第二次科技革命，为垄断资本主义这一新变化奠定了物质基础。在 19 与 20 世纪之交，资本主义在形态上发生了变化。自由竞争资本主义逐渐发展到垄断资本主义。20 世纪初，列宁根据马克思主义的基本原理，科学地分析了资本主义的新发展，1916 年，根据第一次世界大战前资本主义发展的新情况，写下了《帝国主义是资本主义的最高阶段》这部光辉著作，对资本主义的第二阶段即一般垄断资本主义阶段作了详尽的阐述。在二战以前，私人资本家之间在自由竞争基础上形成了私人垄断。

在这个阶段，私人垄断资本家或垄断组织凭借其获得的垄断地位，规定垄断价格，获得高额垄断利润。垄断产生后，价值规律的表现形式是商品的市场价格，是以垄断价格的形式表现出来。

列宁总结了垄断资本主义的五个基本特征：

（1）生产和资本的集中发展到这样的高度，以致造成了在经济生活中起决定作用的垄断组织；

（2）银行垄断资本和工业垄断资本已经融合起来形成金融资本，并在此基础上形成了金融寡头；

（3）与商品输出不同的资本输出，有了特别重要的意义；

（4）瓜分世界的资本家国际垄断同盟已经形成；

（5）最大资本主义列强已把世界上的领土分割完毕。

垄断资本主义即帝国主义，仍然是资本主义，它是资本主义发展的最高阶段。

自由竞争资本主义崇尚自由竞争，政府对企业采取自由放任政策，不干预私人企业的生产和经营活动。在二战前，在私人垄断时期，这种观念也没有发生根本的改变。但在进入 20 世纪后，资本主义国家也遇到了一些前所未有的困难和危机。一是 1914—1918 年间爆发的第一次世界大战。二是 1929—1933 年资本主义世界发生的经济危机。三是 1939—1945 年爆发的第二次世界大战。危机与战争迫使资本主义国家不得不干预经济生活。为应付战争和危机，各主要资本主义国家实施战时经济管理体制或推行国家干预经济的“新政”。但一战和1933年经济危机过后，各国又放弃了干预经济的做法。然而二战以后，第三次科技革命的爆发，资本主义生产社会化程度进一步提高，资本主义基本矛盾进一步尖锐化。为维持资本主义生产体系的正常运转，从资产阶级的整体利益和长远利益考虑，国家开始自觉干预经济生活，并深入资本主义的生产、流通、分配和消费的各个环节。资本主义国家政权和私人垄断资本结合在一起，就产生了国家垄断资本主义。

国家垄断资本主义是垄断资本主义的新发展，仍然是资本主义经济制度内的经济关系调整，并没有从根本上消除资本主义的基本矛盾。但它对资本主义经济的发展产生了积极的作用，更好地保证了垄断资产阶级不断获得高额垄断利润，更有利于维护资本主义制度的延续和发展。

到20世纪80年代末90年代初，世界进入经济全球化时代。经济全球化深刻影响着世界经济政治格局和秩序，甚至也极大地改变着人们的生活方式。当代资本主义在许多方面已经并正在发生着重大变化。

进入21世纪后，资本主义也经历了许多大的事件。其中，对资本主义社会甚至全世界影响比较大的是2008年由美国次贷危机引发的国际金融危机，它是自20世纪30年代大萧条以来最为严重的全球性经济危机，在这场危机的影响下，西方国家的经济生活、政治生活和社会民生等方面都出现了各种问题。

种种矛盾和冲突显示了当代资本主义社会的乱象。这些现象背后的深层次原因和根源，归根结底还在于资本主义制度本身，在于资本主义的基本矛盾。这些矛盾冲突在资本主义生产方式范围内是不可能根本消除的，它决定了资本主义生产方式的历史过渡性，说明资本主义为社会主义所取代的历史趋势是不可避免的。

一、垄断形成——私人垄断资本主义

大家好！这一讲我们给大家介绍私人垄断资本主义。

资本主义制度与任何社会制度一样，它有一个产生、发展和走向衰亡的发展过程。到目前为止，资本主义的发展大致分为两个阶段：一是19世纪以前的自由竞争资本主义阶段，二是 20 世纪以后的垄断资本主义阶段。19 世纪末 20 世纪初，是资本主义从自由竞争阶段发展到垄断阶段的过渡时期。资本主义是如何从自由竞争发展到垄断资本主义的呢？

什么叫垄断？用列宁的话说就是独占，是指少数资本主义大企业为了获得高额利润，通过协议或联合，对一个或几个部门商品的生产、销售和价格进行操纵和控制。

在二战以前，垄断资本主义主要以私人垄断资本为基础，所以又叫私人垄断资本主义。私人垄断资本主义是在自由竞争发展到一定阶段后，在生产集中和资本集中的基础上形成的。

用一句话来概括就是：自由竞争引起生产和资本的集中，生产和资本的集中发展到一定阶段后必然会引起垄断。

在资本主义发展初期，自由竞争占主导地位。资本家为了自身的生存和追求更多的剩余价值，必须不断积累资本，扩大生产规模，追求做大做强，这就必然会引起生产和资本的集中。“集中发展到一定阶段，可以说就自然而然地走到垄断。”

第一，当生产集中发展到相当高的程度，极少数企业就有可能联合起来，操纵和控制本部门的生产和销售，实行垄断，以获得高额垄断利润。因为，垄断是一种协议或联合，只有当这个部门只剩下少数几个大企业时，才有形成协议或联合的可能，这叫垄断的可能性。第二，企业规模巨大，形成对自由竞争的限制，竞争变得不自由了，也会产生垄断。第三，激烈的竞争给竞争各方带来的损失会越来越严重，为了避免两败俱伤，企业之间会达成妥协，联合起来，实行垄断。这叫垄断的必要性。这样，垄断就必然产生了。

对于私人垄断资本主义，我们要掌握以下几个方面：

1. 什么是垄断组织

垄断是通过一定的垄断组织形式实现的。垄断组织是指在一个或几个经济部门中，占据垄断地位的大企业的联合。联合的方式不同，就出现了不同形式的垄断组织。在二战之前，垄断组织主要有卡特尔、辛迪加、托拉斯、康采恩；二战后垄断组织的新形式是混合联合公司。垄断组织的形式多种多样，但它们在本质上都是一样的，即通过联合实现独占和瓜分商品生产和销售市场，操纵垄断价格，以攫取高额垄断利润。

2. 垄断与竞争的关系

垄断形成后，还有没有竞争呢？垄断条件下的竞争有什么特点呢？

垄断是在自由竞争基础上形成的，是作为自由竞争的对立面产生的。但是，垄断只是限制了自由竞争，垄断并不能消除竞争，反而使竞争变得更加复杂和激烈。

垄断条件下的竞争同自由竞争相比，具有一些新特点。在竞争主体上，主要是实力强大的垄断资本家之间展开的竞争；在竞争目的上，不再是为了获得更多的平均利润或超额利润，而是为了获取高额垄断利润，并不断巩固和扩大自己的垄断地位和统治权力；在竞争手段上，不再主要运用科技进步或改进经营管理等经济手段，而更多的是采取政治的、军事的等非经济的手段；在竞争范围上，也由经济领域扩展到政治、军事、文化领域。总之，垄断条件下的竞争，不仅规模大、时间长、手段残酷、程度激烈，而且具有更大的破坏性。

3. 金融资本与金融寡头

随着工业生产的集中和垄断的发展，银行资本也由集中走向垄断。银行垄断资本和工业垄断资本通过金融联系、资本参与和人事结合，密切地融合在一起，产生了一种新型的垄断资本，即金融资本。金融资本是由工业垄断资本和银行垄断资本融合在一起而形成的一种垄断资本。

在金融资本形成的基础上，产生了金融寡头。金融寡头是指那些操纵国民经济命脉，并在实际上控制国家政权的少数垄断资本家或垄断资本家集团。他们是垄断资本主义国家事实上的统治者。金融寡头在经济领域中的统治主要是通过“参与制”实现的，对政治的控制主要是通过“个人联合”来实现的。金融寡头还通过建立政策咨询机构等方式对政府的政策施加影响，并通过掌握新闻出版、广播电视、科学教育、文化体育等上层建筑的各个领域，左右国家的内政、外交及社会生活。

4. 垄断利润和垄断价格

垄断资本的实质在于获取高额垄断利润，垄断只是一纸协议或一个联合，垄断本身并不创造剩余价值或利润，垄断利润是垄断资本家凭借其在社会生产和流通中的垄断地位而获得的大大超过平均利润的高额利润。

垄断利润主要是通过垄断组织制定的垄断价格来实现的。垄断价格是垄断组织在销售或购买商品时，凭借其垄断地位规定的、旨在保证获取最大限度利润的市场价格。垄断价格包括垄断高价和垄断低价两种形式。垄断高价是指垄断组织出售商品时规定的高于生产价格的价格，垄断低价是指垄断组织在购买非垄断企业所生产的原材料等生产资料时规定的低于生产价格的价格。

垄断资本所获得的高额利润，归根到底是来自无产阶级和其他劳动人民所创造的剩余价值和价值。

从上面的分析我们一定要认识到：资本主义从自由竞争发展到垄断资本主义，是资本主义发展的一个新阶段，垄断成为垄断资本主义阶段的主要标志和基本经济现象。垄断统治，加大了资本家对工人阶级的剥削和压榨，加剧了资产阶级与工人阶级的矛盾，在加快了资本主义发展的同时，也加快了资本主义灭亡的历史进程。

二、垄断发展——国家垄断资本主义

同学们好！这一讲，给大家介绍国家垄断资本主义。

资本主义产生以来，自由竞争资本主义崇尚自由竞争，政府一直推崇自由放任，政府不干预企业的发展。但人类进入20世纪以后，特别是二战以后，资本主义矛盾日益尖锐化，以致严重地阻碍生产力的进一步发展，这在客观上推动私人垄断资本与国家政权相结合，国家垄断资本主义应运而生。资本主义为什么会产生这样的改变呢？

（一）国家垄断资本主义的形成和发展

国家垄断资本主义的形成和发展不是偶然的，它是科技进步和生产社会化程度进一步提高的产物，是资本主义基本矛盾进一步尖锐化的必然结果。

其实，在人类社会进入20世纪以后，国家垄断资本主义就开始产生。这是由于资本主义国家在20世纪上半叶也遇到了一些前所未有的困难和危机。一是1914—1918年间爆发的第一次世界大战。二是1929—1933年资本主义世界发生的经济危机，这是有史以来资本主义世界最严重的经济危机。三是1939—1945年爆发的第二次世界大战。大战与危机，都深刻动摇了资本主义经济制度的根基，危及资本主义的生存。为了应付战争和危机的需要，资本主义国家都普遍加强了国家对社会经济和人民生活的统治和管理，对全部生产实行最严格的管理和监督，国家政权开始干预私人垄断资本。如早在第一次世界大战期间，资本主义交战国的政府就借助国家的力量扩军备战，推行国民经济军事化。在1929—1933年资本主义世界发生的经济危机中，1933年美国总统罗斯福实施“新政”，加强政府对经济生活的干预。英国经济学家凯恩斯于1936年发表《就业、利息和货币通论》，主张国家通过财政和货币政策创造需求，以实现总供给和总需求的平衡，保证资本主义经济稳定运行，为国家垄断资本主义的形成奠定了理论基础。1939—1945年第二次世界大战期间，帝国主义各国都建立了战时经济管理体制，国家对整个国民经济和社会生活实行全面统制。但在一战和经济危机过后，各国政府又都放弃了对企业的干预政策。而二战过后，国家垄断资本主义不仅没有放松，反而进一步得到加强。这是由于二战后资本主义社会的科技进步和生产社会化程度进一步提高，使资本主义基本矛盾进一步尖锐化。资本主义经济体系出现了私人垄断资本“干不了”和“不愿意干”的事情。首先，社会生产力的发展，一些大型项目、巨额投资等客观上要求动用国家的力量，从而促进了国家垄断资本主义的产生。其次，经济波动和经济危机的深化，要求借助国家的力量以及政府的各种反危机措施来应对危机，要求国家垄断资本主义的产生。最后，缓和社会矛盾，协调利益关系。垄断资本通过制定垄断价格获得高额垄断利润，两极分化越来越严重，阶级矛盾不断尖锐，要求国家垄断资本主义的产生。

为了维持资本主义的整体利益和长远利益，国家必须干预经济，国家垄断资本主义作为一种新的垄断资本主义生产关系体系最终得以确立和广泛发展。

（二）国家垄断资本主义的主要形式

国家垄断资本主义是国家政权和私人垄断资本融合在一起的垄断资本主义。

资本主义国家政权与私人垄断资本是如何融合在一起的呢？主要形式有五种：

第一种是国家所有并直接经营的企业，即国有企业。

第二种是国家与私人共有、合营的企业。

第三种是国家通过多种形式参与私人垄断资本的再生产过程，包括国家订货、为私人垄断企业提供有保证的国家市场、津贴和补助、福利，为私人垄断企业创造市场条件。

第四种是宏观调节，主要是国家运用财政政策、货币政策等经济手段，对社会总供给和总需求进行调节，以实现经济快速增长、充分就业、物价稳定和国际收支平衡的基本目标。

第五种是微观规制，主要是国家运用法律手段规范市场秩序，限制垄断，保护竞争，维护社会公众的合法权益。如反托拉斯法、公共事业规制、社会经济规制等。

（三）国家垄断资本主义的作用

国家垄断资本主义的作用要从两个方面来看。它对资本主义经济的发展有积极的方面，要认清它的实质。

国家垄断资本主义是垄断资本主义的新发展，它对资本主义经济的发展产生了积极的作用。首先，国家垄断资本主义的出现在一定程度上有利于社会生产力的发展，部分地克服了社会化大生产与私人垄断资本之间的矛盾。其次，资产阶级国家凌驾于私人垄断资本之上，代表整个垄断资产阶级的利益，这在一定范围内突破了私人垄断资本的狭隘界限。国家干预有利于缓解资本主义生产的无政府状态，促进社会经济较为协调地发展。再次，通过国家的收入再分配手段，劳动人民生活水平有所改善和提高。最后，在国家垄断资本主义的参与和干预下，加快了这些国家国民经济的现代化进程。

如何看待国家垄断资本主义的实质？它是不是带有社会主义性质呢？答案是否定的。资本主义在充分运用市场机制这个“看不见的手”的同时，又加强了国家宏观调控这只“看得见的手”。国家垄断资本主义代表的是资产阶级的整体和长远利益，是在资本主义经济制度内的经济关系调整，资本主义制度的性质并没有改变，也没有从根本上消除资本主义的基本矛盾。

今天中国正在致力于建设和完善社会主义市场经济体制，它与国家垄断资本主义有着本质的不同。十九大提出要“着力构建市场机制有效、微观主体有活力、宏观调控有度的经济体制，不断增强我国经济创新力和竞争力”，“我们要激发全社会创造力和发展活力，努力实现更高质量、更有效率、更加公平、更可持续的发展”。社会主义制度具有比资本主义更强的宏观调控能力，有着不可比拟的巨大优越性。我们要相信，在两大制度的竞争中，社会主义最终一定能战胜资本主义。

三、双刃之剑——经济全球化

各位同学好！这一讲给大家介绍经济全球化。

经济全球化是当今世界经济最引人注目的发展趋势。在我们的日常生活中，出现了越来越多的国外商品。走在大街上，穿着一身德国阿迪达斯的衣服，手里拿着美国的苹果手机，挎着法国的LV包，开着英国的路虎车，吃着中国的美食，一个人俨然成了全球化的缩影。现代化的交通、通信手段，拉近了各国人民之间的距离，闲暇时人们也越来越多地到国外去旅游，就像串个门似的方便。互联网可以随时告诉我们世界的每一个角落所发生的新闻事件。不管你喜欢不喜欢，经济全球化已经来到了我们的生活之中。今天世界各国的人们共同生活在同一个地球村里。

经济全球化是如何发展起来的呢？它对我们的生活有哪些影响？我们如何面对经济全球化的浪潮？

“经济全球化”，并不完全是个新现象。事实上，自从资本主义来到这个世界之后，经济全球化的过程就已经开始了。早在19世纪上半叶，马克思、恩格斯就详细论述了世界贸易、世界市场、世界历史等问题。他们在《共产党宣言》中指出：“资产阶级，由于开拓了世界市场，使一切国家的生产和消费都成为世界性的了。”这意味着经济全球化的趋势已经萌芽。但在那个时代，由于生产力水平低下，通信、交通等技术落后，经济发展程度还远远达不到全球化的水平，马克思、恩格斯这个结论可以说是天才的预测和对资本主义发展趋势深刻的洞察。

经济全球化是生产力发展到一定水平后社会化大生产的必然要求。直到20世纪80年代末90年代初，世界才真正进入经济全球化时代。

下面，我们主要讲三个问题：

（一）经济全球化的动因

经济全球化为什么在上个世纪末得到了迅猛发展呢？从本质上讲，经济全球化是生产力发展和社会化大生产的必然要求。导致经济全球化迅猛发展的因素主要有三点：

一是科学技术的进步和生产力的发展为经济全球化提供了坚实的物质基础和根本的推动力。20世纪70年代以来的现代交通技术、通信，特别是互联网技术的发展，打破了地域的限制，把整个世界空前地联系在一起，为经济全球化奠定了物质技术基础。

二是跨国公司的发展为经济全球化提供了适宜的企业组织形式。跨国公司可以在全球范围内利用各地的优势组织生产，大大地促进了各种生产要素在全球的流动和国际分工，并由此极大地推动了经济全球化进程。

三是各国经济体制的变革是经济全球化的体制保障。各国市场经济体制的确立，为国际资本的流动、国际贸易的扩大、国际生产的大规模进行提供了适宜的体制环境和政策条件。

（二）经济全球化的表现

经济全球化主要表现在以下几个方面：

第一，国际分工进一步深化。在经济全球化过程中，国际水平分工逐渐取代国际垂直分工。国际水平分工使每一个国家的生产活动成为全球生产体系的有机组成部分，整个地球俨然变为一个大工厂。人们常用的电脑，CPU是美国的，声卡是日本的，主板出自中国台湾地区，机箱又是在中国大陆生产的。

第二，贸易全球化。20世纪80年代以来，更为便捷的通信和运输条件、日益先进的贸易手段以及各国政府更为开放的贸易政策，使全球贸易实现了前所未有的高速发展。今天遍布中国许多城市的沃尔玛、家乐福等大型超市汇聚了各国生产的商品。

第三，金融全球化。金融全球化是指世界各国、各地区在金融业务、金融政策等方面相互协调、相互渗透、相互竞争，使全球金融市场更加开放、金融体系更加融合、金融交易更加自由的过程。

第四，企业生产经营全球化。跨国投资和生产成为普遍现象。美国波音公司堪称生产经营全球化的成功典范，波音飞机可以说是全球协作的结果。

（三）经济全球化的影响

我国作为最大的发展中国家，对于经济全球化的影响要辩证地分析。

经济全球化对发展中国家的积极作用主要表现在：

第一，经济全球化为发展中国家提供先进技术和管理经验。发展中国家可以利用这一机会引进先进技术和管理经验，提升企业的竞争力，推动产业结构合理优化，缩短与发达国家的差距。

第二，经济全球化为发展中国家提供更多的就业机会。发展中国家通过吸引外资为本国创造更多就业条件。

第三，经济全球化推动了发展中国家国际贸易发展。发展中国家可以利用不断扩大的国际市场解决国内产品销售问题，以对外贸易拉动本国经济的发展。

第四，经济全球化也促进发展中国家跨国公司的发展。

经济全球化是一把"双刃剑"，它在促进经济发展的同时也给广大发展中国家带来了一些负面影响。主要表现在：

第一，发达国家与发展中国家在经济全球化过程中的地位和收益不平等、不平衡。

第二，加剧了发展中国家资源短缺和环境污染恶化。

第三，在一定程度上增加了经济风险。经济全球化加深了世界的经济联系，一国爆发的危机将会迅速传导至全球，增加全球经济发展的不稳定性和经济风险。如 2008 年由美国次贷危机引发的国际金融危机，对发展中国家产生了巨大的影响。

对于整个世界来讲，经济全球化既能带来发展的强劲动能，也会带来新情况与新挑战。面对经济全球化的发展，中国对全球化的态度始终鲜明而坚定，积极引领世界经济和全球治理的前进方向。中国作为经济全球化的参与者与受益者，更要做贡献者与引领者。中国在谋求自身发展的同时，要以共同构建人类命运共同体的理念引领经济全球化，本着“开放共赢发展”“共享共富发展”“协调平衡发展”等理念主导经济全球治理的发展，用新时代中国特色社会主义思想为全球治理贡献中国智慧和提供中国方案。十九大报告指出：“中国谋求开放创新、包容互惠的发展前景，始终做世界和平的建设者、全球发展的贡献者、国际秩序的维护者。”

第二节　正确认识当代资本主义的新变化

一、洞见症结——当代资本主义的新变化

同学们好！这一讲给大家介绍当代资本主义的新变化。

当代资本主义主要是指二战结束后西方发达国家的国家垄断资本主义。第二次世界大战是人类历史上一次重大的事件，它是由德、意、日三个法西斯国家发动的。1931 年 9 月，日本发动九一八事变，武装侵占中国东北。1937 年 7 月，日本蓄意制造七七事变，发动全面侵华战争。1939 年 9 月 1 日，德国入侵波兰，第二次世界大战开始。对于法西斯国家的野蛮侵略，中国人民和世界人民相互配合，进行了顽强的抵抗。到 1945 年 5 月 8 日，德国宣布无条件投降，欧洲战场的反法西斯战争胜利结束。9 月 2 日，日本在投降书上签字，中国人民的抗日战争和世界反法西斯战争胜利结束。

世界反法西斯战争的胜利，是一个具有划时代意义的重大历史事件，它引起了国际格局的深刻变化，对世界历史的发展产生了深远的影响。与二战前相比，当代资本主义在许多方面已经并正在发生着重大变化。正确认识当代资本主义新变化的特点，对在新的历史条件下深刻把握资本主义的本质和规律，具有十分重要的意义。

（一）新变化的表现

第二次世界大战后，资本主义在经济政治等各方面都发生了新变化。这

些变化主要表现在以下几个方面：

第一，生产资料所有制的变化。从历史发展的角度看，资本主义私有制并没有发生本质的变化，但所有权与控制权在不断分离。由初期的私人资本所有制发展到私人股份资本所有制，所有权与控制权不再统一，再到二战后的国家资本所有制和法人资本所有制，资本占有的社会化程度大大提高。

第二，劳资关系和分配关系的变化。随着社会生产力的发展和工人阶级反抗力量的不断壮大，资本主义开始采取一些缓和劳资关系的激励制度，如：职工参与决策、终身雇佣、职工持股等。此外，二战后，发达资本主义国家建立并实施了普及化、全民化的社会福利制度。

第三，社会阶层和阶级结构的变化。一是资本家的地位和作用已经发生了很大变化。由于资本所有权与控制权发生分离，拥有所有权的资本家一般不再直接经营和管理企业，逐渐成为食利者。二是高级职业经理成为大公司经营活动的实际控制者。三是知识型和服务型劳动者的数量不断增加，劳动方式发生了新变化。

第四，经济调节机制和经济危机形态的变化。二战后，资本主义国家对经济的干预不断加强。它与市场机制相辅相成，共同推动资本主义经济的运行和发展。经济危机呈现新的特点。

第五，政治制度的变化。政治制度出现多元化的趋势，公民权利有所扩大。重视并加强法制建设。此外，改良主义政党在政治舞台上的影响日益扩大，成为第二次世界大战后西方资本主义国家政治生活中十分引人注目的现象。

（二）新变化的原因

第二次世界大战后，资本主义为什么会发生这些新变化呢？

首先，科学技术革命和生产力的发展，是当代资本主义发生新变化的根本推动力量。第二次世界大战后，世界发生了第三次科技革命，极大地促进了生产力的发展。西方主要资本主义国家劳动生产率普遍提高，产业结构改善，经济快速发展。

其次，工人阶级争取自身权利和利益的斗争，是推动当代资本主义发生新变化的重要力量。

再次，社会主义制度初步显示的优越性对当代资本主义产生了重要影响。资产阶级在吸取和总结社会主义国家经验的基础上对资本主义制度进行改良。例如，重视国家对经济的干预，实行计划化管理；重视职工参与管理，实行经济民主等。

最后，主张改良主义的政党对资本主义制度的改革，也对当代资本主义新变化发挥了重要作用。

（三）新变化的实质

如何看待资本主义的这种新变化呢？

第二次世界大战后，资本主义的新变化是客观事实，正视这些新变化，深刻分析这些变化的实质，对于我们正确认识资本主义的本质，把握资本主义发展的趋势，具有重要的意义。

第一，当代资本主义发生的变化，从根本上说，是人类社会发展一般规律和资本主义经济规律共同作用的结果，是资本主义生产方式为适应生产力发展要求而作出自我调节的结果。

第二，当代资本主义发生的变化是在资本主义制度基本框架内的变化，并不意味着资本主义生产关系的根本性质发生了变化。生产资料私有制依然是资本主义的基本经济制度，雇佣劳动制度仍然是资本主义生产方式的本质特征。资本主义政治制度的新变化并没有改变其为资产阶级利益服务的本质，仍然是为资产阶级进行统治和压迫需要的政治工具。

这一切表明，虽然当代资本主义发生了一些新变化，但是这些变化并没有改变资本主义制度的本质，并没有克服资本主义的基本矛盾，也没有改变马克思主义关于资本主义的基本论断的科学性，根源于资本主义基本矛盾的金融危机和经济危机依然是资本主义不可克服的痼疾。

习近平总书记强调指出，世界格局正处在加快演变的历史进程之中，产生了大量深刻复杂的现实问题，提出了大量亟待回答的理论课题。这就需要我们加强对当代资本主义的研究，分析把握出现的各种变化及其本质，深化对资本主义和国际政治经济关系深刻复杂变化的规律性认识。

二、再引热议——2008 年国际金融危机

各位同学好，这一讲我们介绍 2008 年国际金融危机。

（一）2008 年国际金融危机的经过

2003 年 3 月 20 日伊拉克战争爆发。当时美国本打算速战速决，但结果却是从 2003 年到 2009 年，美国在伊拉克整整待了 6 年，战争花费远远超过预算。伊拉克战争使美国国债、财政赤字和贸易赤字放大，经济形势严峻。为让美国经济继续保持繁荣，美国政府企图用房地产拉动美国经济发展。美联储采取了宽松的货币政策，不断降息，制造房地产繁荣。商业银行不仅贷款给那些信用级别高的人，而且贷款给那些信用级别低的人买房，只不过利率要高许多。这就是次级贷款。这样做，商业银行承担着全部风险，一旦房价下跌，买房人还不上钱，房子也不值钱了，银行就会面临巨大的亏损。商业银行就把次级贷的风险转移到投资银行，投资银行又把风险转移给保险公司。看似上了层层保险的金融运作，却蕴含着巨大的危机。一旦这个金融链条上的某个环节出现问题，金融危机就可能会爆发。

随着美国住房市场的降温尤其是短期利率的提高，次级抵押贷款的还款利率也大幅上升，直接导致大批次级抵押贷款的借款人不能按期偿还贷款，进而引发“次贷危机”。

美国次贷危机是因次级抵押贷款机构破产、投资基金被迫关闭、股市剧烈震荡引起的风暴，它是导致全球主要金融市场出现流动性不足的危机。从 2007 年开始，包括新世纪金融公司、美国住宅抵押贷款投资公司、房利美公司和房地美公司、美国第四大投资银行雷曼兄弟控股公司等的房地产公司、银行、投资公司和保险公司纷纷申请破产保护。美国次贷危机爆发。美国次贷危机爆发又使美国包括通用汽车、福特汽车、克莱斯勒三大汽车公司等实体经济受到很大的冲击，实体产业危在旦夕。

美国次贷危机波及全球，引发 2008 年国际金融危机，对世界经济产生了巨大的破坏性作用，危机的阴影至今仍未彻底消除。

（二）2008 年国际金融危机以来资本主义的矛盾与冲突

由美国次贷危机引发的 2008 年国际金融危机是自 20 世纪 30 年代经济大

萧条以来最为严重的全球性经济危机，在这场危机的影响下，西方国家的经济生活、政治生活和社会民生等方面都出现了各种问题。

第一，经济发展“失调”。2008 年金融危机之后，西方主要资本主义国家采取各种措施应对危机，虽然暂时避免了金融秩序崩溃，但对推动经济复苏效果有限，经济发展仍然面临一系列问题。具体表现为：一是虚拟经济与实体经济发展失衡。近年来，西方国家金融领域过度膨胀，实体经济呈现空心化的发展趋势。二是福利风险增加。福利制度是西方增进民众政治认同、维护社会稳定的重要手段。在国际金融危机之后，福利制度使国家财政不堪重负，福利风险不断增加。三是债务负担沉重。2008 年金融危机后，西方发达资本主义国家纷纷拨付巨额财政资金救助大型金融机构，推出大规模经济刺激计划，实施量化宽松货币政策，造成政府债务不断攀升。巨额的政府债务又埋下了新一轮金融危机的隐患。

第二，政治体制“失灵”。在这场危机面前，西方国家一直标榜的民主也暴露出某些弊端和局限。一是西式选举往往难以选贤。西方选举制度选的不是治国能力，而是是否能言善辩的选举能力。二是政党利益可能凌驾于国家利益之上。三是“民主陷阱”会阻碍国家治理。主要表现为政府决策的短视化，以及少部分人的利益或非理性的民意，以民主的名义绑架社会公益，阻碍国家治理和建设。四是传统精英政治走向衰落。2008 年国际金融危机以来，欧美主流的政治精英在竞选中提不出吸引选民的主张，在执政中也开不出应对国际金融危机和全球化挑战的改革良方。大众政治与精英政治的对立日趋严重，民粹主义思潮的泛起使西方精英政治陷入困境。

第三，社会融合机制“失效”。一是社会极端思潮抬头。一些国家的右翼势力登上政治舞台，这些右翼势力甚至公开采取暴力手段，恐吓、打击外来移民。二是社会流动性退化。主要是贫富差距不断扩大，中产阶层萎缩，社会各阶层之间的健康流动“凝固化”。三是社会矛盾激化。西方社会“群体性事件”增多，如 2011 年美国爆发的“占领华尔街”运动、2012 年五一期间，美国超过 100 个城市同步举行了罢工示威活动。近年来，美、英、法甚至个别北欧国家发生过多起震惊世界的严重暴力、枪击或大规模骚乱事件，这类群体性的恶性事件是与淤积难解的社会问题相联系的。

以上种种矛盾和冲突显示了当代资本主义社会的乱象。这些现象背后的深层次原因和根源，归根结底还在于资本主义制度本身，在于资本主义的基本矛盾。

（三）2008年国际金融危机对中国的影响

国际金融危机在向全球实体经济不断蔓延的过程中，外贸依存度越来越高的中国所受影响也日益加深。统计显示，当时中国经济增速连续五个季度出现减缓。

针对国际金融危机所带来的不利影响，从11月份开始，中国政府雷厉风行，密集出台了大手笔的调控“重拳”和“组合拳”。11月9日，中国政府宣布实施适度宽松的货币政策和积极的财政政策，并出台了投资规模达4万亿元以及大幅度降息等一系列的扩大内需、促进增长的措施。由于不断调整和加强宏观调控，从2008年国际金融危机爆发以来，中国经济维持平稳增长，充分体现了社会主义制度对经济宏观调控的优越性。

国际金融危机爆发至今，其深层次影响还在继续。世界经济持续疲软，经济复苏进程也远远落后于各国政府的预期。世界经济仍然处在深度调整期。世界经济增长的动力在哪里？在世界经济论坛2017年年会开幕式上的主旨演讲中，中国国家主席习近平表示：“当前，世界经济领域存在的全球增长动能不足、全球经济治理滞后、全球发展失衡等三大突出矛盾没有得到有效解决”，由此他提出了治理经济全球化痼疾的“四个坚持”，即要“坚持创新驱动、坚持协同联动、坚持与时俱进、坚持公平包容”。“四个坚持”的提出，体现了中国关于发展经济和全球经济治理的智慧，大大提振了国际社会对世界经济发展的信心。

第三节　资本主义的历史地位和发展趋势

各位同学好！下面给大家介绍资本主义的历史地位。

现在世界上存在着资本主义和社会主义两大社会制度的竞争。作为社会主义国家，我们如何看待资本主义制度？这是一个很重要的问题。我们既不能因为资本主义在科技、经济、军事等方面实力比我们强，就认为它是一种永恒的理想的制度，也不能因为它与我国社会主义制度性质上是对立的，就把它说得一无是处。我们应该运用马克思主义的观点，去辩证地分析和认识资本主义制度。资本主义作为历史发展的必然产物，它肯定具有以往任何社会所不可比拟的优越性。作为一种现存的、正在发展的社会制度，它肯定也有自身的一些优势，值得我们社会主义国家学习，并为我所用。我们要把资本主义放在历史发展的坐标中去考察。

（一）资本主义的历史地位

与封建社会相比，资本主义显示了巨大的历史进步性：

其一，资本主义将科学技术转变为强大的生产力。以社会化大生产为基础的资本主义生产方式，客观上为先进的科学技术的产生和利用提供了基础和空间。

其二，资本追求剩余价值的内在动力和竞争的外在压力推动了社会生产力的迅速发展。为了追逐更多的剩余价值，为了在激烈的竞争中生存下来，资本主义社会必然重视运用科技进步推动社会生产力的发展。

其三，资本主义的意识形态和政治制度作为上层建筑在保护、促进和完善资本主义生产方式方面起着重要作用，从而推动了社会生产力的迅速发展，促进了社会进步。在经济上保护自由竞争、等价交换，政治上推崇自由、民主、平等，与奴隶制和封建制国家相比，无疑是人类社会政治生活上的一大进步。

然而，资本主义的历史进步性并不能掩盖其自身的历史局限性，主要表现是：

其一，资本主义基本矛盾阻碍社会生产力的发展。

其二，资本主义制度下财富占有的两极分化，引发经济危机。资本积累必然造成财富积累的两极分化，由此引发广大劳动者有支付能力的需求远远赶不上资本主义生产无限扩张趋势的矛盾。这一矛盾的激化必然引发经济危机。

其三，资本家阶级支配和控制资本主义经济和政治的发展和运行，不断激化社会矛盾和冲突。在经济上，必然导致个别企业生产的有组织性和整个社会生产的无政府状态之间的矛盾，在政治上，置社会整体利益和长远利益于不顾，使各种社会矛盾不断积累和尖锐化。

这些局限性在资本主义生产方式范围内是不可能根本消除的，它决定了资本主义生产方式的历史过渡性。

（二）资本主义为社会主义所代替的历史必然性

1. 资本主义的内在矛盾决定了资本主义必然被社会主义所代替

第一，资本主义基本矛盾“包含着现代的一切冲突的萌芽”。资本主义生产资料私人占有制度无法与社会化的大生产相适应，只有用社会主义生产方式取而代之，才能根本解决资本主义生产方式的基本矛盾。

第二，资本积累推动资本主义基本矛盾不断激化并最终否定资本主义自身。资本的不断积累必然导致生产和管理的社会化，为否定资本主义制度自身准备了物质条件。

第三，国家垄断资本主义是资本社会化的更高形式，将成为社会主义的前奏。

第四，资本主义社会存在着资产阶级和无产阶级两大阶级之间的矛盾和斗争。

这些矛盾的存在说明资本主义为社会主义所取代是不可避免的。

2. 社会主义代替资本主义是一个长期的历史过程

资本主义必然为社会主义所代替，并不意味着资本主义社会将在短期内自行消亡。资本主义向社会主义的过渡必然是一个复杂的、长期的历史过程。

首先，任何社会形态的存在都有相对稳定性，从产生到衰亡都要经过相当长的时间跨度。其次，资本主义发展的不平衡性决定了过渡的长期性。从世界范围来看，社会主义从一国向更多资本主义国家扩展必将是一个相当长的历史过渡过程。最后，当代资本主义的发展，还显示出生产关系对生产力有容纳的空间，社会主义的发展还不够强大，资本主义为社会主义所代替尚需长期的过程。

我们要坚信“两个必然”，即资本主义必然灭亡、社会主义必然胜利。同时也要认识到“两个决不会”，即“无论哪一个社会形态，在它所能容纳的全部生产力发挥出来以前，是决不会灭亡的；而新的更高的生产关系，在它的物质存在条件在旧社会的胎胞里成熟以前，是决不会出现的”。

习近平总书记指出：“事实一再告诉我们，马克思、恩格斯关于资本主义社会基本矛盾的分析没有过时，关于资本主义必然消亡、社会主义必然胜利的历史唯物主义观点也没有过时。这是社会历史发展不可逆转的总趋势，但道路是曲折的。资本主义最终消亡、社会主义最终胜利，必然是一个很长的历史过程。我们要深刻认识资本主义社会的自我调节能力，充分估计到西方发达国家在经济科技军事方面长期占据优势的客观现实，认真做好两种社会制度长期合作和斗争的各方面准备。”

第三部分　教学拓展

一、课后思考

1. 垄断是怎样产生的？为什么说垄断并没有消除竞争？

2. 如何科学认识资本主义的历史地位和发展趋势？

二、备课参考

1. 马克思、恩格斯：《共产党宣言》（一），《马克思恩格斯选集》第 1 卷，人民出版社 2012 年版。

2. 列宁：《帝国主义是资本主义的最高阶段》，《列宁选集》第 2 卷，人民出版社 2012 年版。

3. 列宁：《大难临头，出路何在？》，《列宁选集》第 3 卷，人民出版社 2012 年版。

4. 列宁：《国家与革命》，第三章、第四章，《列宁选集》第 3 卷，人民出版社 2012 年版。

5.《〈马克思主义基本原理概论〉辅导用书》，高等教育出版社 2020 年版。

6. 习近平：《在庆祝中国共产党成立 100 周年大会上的讲话》，人民出版社 2021 年版。

7. 中共中央：《中共中央关于党的百年奋斗重大成就和历史经验的决议》（2021 年六中全会决议），人民出版社 2021 年版。

三、实践活动

（一）实践活动主题

“学原理、读经典、看现实”

（二）实践活动目的

提高学生运用马克思主义基本原理观察问题、分析问题和解决现实问题的能力。

（三）实践活动任务

1. 经典阅读：任选下面列出的《习近平谈治国理政》（第二卷）中的文章一篇。

（1）共担时代责任 共促全球发展（2017 年 1 月 17 日）

（2）携手构建合作共赢新伙伴，同心打造人类命运共同体（2015 年 9 月 28 日）

（3）携手构建合作共赢、公平合理的气候变化治理机制（2015 年 11 月 30 日）

（4）建立多边、民主、透明的全球互联网治理体系（2015 年 12 月 16 日）

（5）共同构建人类命运共同体（2017 年 1 月 18 日）

2. 完成作业：在阅读文献的基础上，结合教材第五章经济全球化内容，完成 1500 字左右的读后感，谈谈你对正确面对经济全球化带来的机遇和挑战的认识。

第六章　社会主义的发展及其规律

第一部分　教学概况

本章概述	本章主要包含了三方面的内容：第一节社会主义五百年的历史进程；第二节科学社会主义基本原则；第三节在实践中探索现实社会主义的发展规律。
学时安排	理论学时 2 学时（含课堂活动）
教学目的与教学目标	本章的教学目的是引导和帮助学生学习和了解社会主义五百年发展历程，把握科学社会主义一般原则，认识经济文化相对落后国家建设社会主义的必然性和长期性，明确社会主义发展道路的多样性，遵循社会主义在实践中开拓前进的发展规律，以昂扬奋进的姿态推进社会主义事业走向光明未来。 本章教学目标包括知识、价值、能力三个目标。 知识目标：引导学生准确把握社会主义五百年历史进程、科学社会主义基本原则、经济文化相对落后国家建设社会主义的长期性、社会主义发展道路的多样性、社会主义在实践中开拓前进等理论知识。 价值目标：引导学生坚定中国特色社会主义道路自信、理论自信、制度自信、文化自信。 能力目标：培养和提高学生运用科学社会主义基本原理观察、分析和解决社会问题的能力。

本章 教材分析	从本章开始，进入到科学社会主义的内容。科学社会主义是在马克思主义哲学和政治经济学的理论基础上建立和发展起来的。教材的第六章涉及的是社会主义的发展及其规律。本章主要涉及社会主义五百年的历史进程、科学社会主义一般原则、探索适合本国国情的发展道路和社会主义在实践探索中开拓前进四个知识点。 科学社会主义诞生至今虽然只有170多年的历史，但是人类对社会主义的追求已有500年的历史。1848年《共产党宣言》的发表，既是科学社会主义创立的标志，也是整个马克思主义创立的标志。科学社会主义是马克思主义的重要组成部分，也是马克思主义的结论和归宿。自《共产党宣言》发表至今的170年，科学社会主义不断发展，成为共产党人不断奋力前进的行动指南和伟大旗帜。 习近平新时代中国特色社会主义思想，回应了时代的新问题，反映了时代的新要求，展现了科学社会主义的真理力量，让科学社会主义在21世纪的中国焕发出了强大生机活力。中国共产党人不忘初心，牢记使命，坚定共产主义理想信念，正继续朝着实现中华民族伟大复兴的宏伟目标、朝着共产主义的远大目标不断前进。
教学 重点难点	教学重点： 1. 科学社会主义基本原则； 2. 在实践中探索现实社会主义的发展规律。 教学难点： 1. 科学社会主义基本原则； 2. 经济文化相对落后国家建设社会主义的长期性。
教学设计	采用线上和线下混合式教学方法。本课程线上教学在中国大学MOOC平台。 线下教学专题： 从乌托邦到中国梦（一）

第二部分 教学转化

第一节 社会主义五百年的历史进程

【教学导入】（导学——高举科学社会主义伟大旗帜）

同学们好！在前面的学习中，我们知道，马克思主义理论体系博大精深。1913年，在马克思逝世30周年的时候，列宁写了一篇文章，题目是《马克思主义的三个来源和三个组成部分》。列宁在这篇文章中阐述了马克思主义的哲学、政治经济学和科学社会主义是马克思主义的三个基本组成部分，这三个基本组成部分有机统一并共同构成了马克思主义理论的主体内容。在前面五章的学习中，我们已经学习了马克思主义哲学、马克思主义政治经济学的相关内容，第六章、第七章是科学社会主义的内容。科学社会主义是在马克思主义哲学和政治经济学的理论基础上建立和发展起来的。我们在导论部分涉及马克思主义的创立时说过，伴随着机器大工业的发展和资本主义生产方式的形成与发展，集中体现资本主义社会基本矛盾的一系列矛盾问题也跟着来了，无产阶级与资产阶级的矛盾不断加剧，周期性的经济危机频繁爆发。在这种情况下，“资本主义向何处去”“人类社会向何处去”的时代课题就出来了。马克思和恩格斯对这个时代课题作出了科学回答。同学们在第三章的马克思主义哲学内容中已经学习了唯物史观，在第四章的马克思主义政治经济学内容中已经学习了剩余价值论，马克思恩格斯正是以唯物史观和剩余价值论为理论基础，对他们所处的时代和世界进行了深入考察，创造性地揭示了人类社会发展规律，揭示了人类社会最终走向共产主义的必然趋势，并且为无产阶级和人类解放指明了道路。1875年，马克思在《哥达纲领批判》中，把共产主义社会分为两个发展阶段，即第一阶段或初级阶段、共产主义社会高级阶段。后来，在1917年出版的列宁《国家与革命》中，列宁明确把马克思设想的共产主义社会第一阶段称为社会主义社会，把高级阶段称为共产主义社会。我们今天所讲的共产主义社会，实际上是马克思当年所讲的共产主义的高级阶段。我们教材的第六章涉及的是社会主义的发展及其规律，第七章涉及内容是共产主义崇高理想及其最终实现。1848 年《共产党宣言》的发表，既是科学社会主义创立的标志，也是整个马克思主义创立的标志。科学社会主义是马克思主义理论体系的核心部分。

自《共产党宣言》发表至今的 170 多年，科学社会主义不断发展，成为共产党人不断奋力前进的行动指南和伟大旗帜。习近平新时代中国特色社会主义思想，回应了时代的新问题，反映了时代的新要求，展现了科学社会主义的真理力量，让科学社会主义在 21 世纪的中国焕发出了强大生机活力。中国共产党人不忘初心，牢记使命，坚定共产主义理想信念，正继续朝着实现中华民族伟大复兴的宏伟目标、朝着共产主义的远大目标不断前进。

科学社会主义虽然只有 170 多年的历史，但是人类对社会主义的追求已有 500 年的历史，是什么力量让人类对社会主义的追求空想了 300 多年仍然没有熄灭，并最终有了科学社会主义的创立？社会主义又是怎么从空想到科学，从理论到现实，从一国到多国不断发展的呢？请继续关注后边的内容。

正道沧桑——社会主义五百年历史进程

同学们好！欢迎大家来到“马克思主义基本原理”课堂。前面我们说过，科学社会主义已有 170 年的历史，这是从 1848 年《共产党宣言》的发表开始算的，那我们说社会主义作为人类的理想追求已有 500 年的历史，从哪里开始算呢？这要从空想社会主义的第一本书开始算起。1516 年，英国人托马斯·莫尔写的《乌托邦》在比利时的卢万城问世，这是空想社会主义诞生的标志。伦敦大英博物馆图书馆收藏着的《乌托邦》第一版，目前世界上仅存五部。把“乌托邦”这个词翻译成中文的是严复，在 1895 年，也就是在《乌托邦》出版 380 年后，严复在《天演论》中首次将“乌托邦”一词翻译成中文。

该书分两部分，在第一部分里，莫尔借航海家之口，谈旅途中所见，由此而导入对英国当时情况的观察与批判。莫尔针对英国的圈地运动，在《乌托邦》中写下了一段话：“绵羊本来是那么驯服，吃一点点就满足，现在据说变得很贪婪很凶蛮，甚至要把人吃掉！”莫尔对私有制进行了批判，指出私有制是万恶的根源，说：“如果私有制度仍然保留下来，那么，大多数人类，并且是最优秀的人类，会永远被压在痛苦难逃的悲惨重负下。”我们知道，英国的圈地运动是资本原始积累的典型事件。资本主义生产关系的产生和资本主义生产方式的形成，经历了从萌芽到加速到最终确立三个时期，加速期是资本原始积累时期，1516 年正是资本原始积累时期。最终确立是资本主义机器大工业的发展。也就是说，在资本主义生产方式还没有最终确立的时候，莫尔已经从已显现的资本主义生产方式的矛盾中，看到了弊端，这与莫尔心中所期待的美好社会是不吻合的。《乌托邦》是以游记的形式写的，《乌托邦》一出版，立刻流行起来。有人甚至能把全书的内容都背下来。也就是说，很多人像莫尔一样，不喜欢资本主义生产关系，人们在资本主义还没有完全确立，只是在形成过程中时，就已经开始了对社会主义的追求。恩格斯在《社会主义从空想到科学的发展》中提到：空想社会主义所追求的未来理想社会尽管只是一种幻想，不切合实际，但它是千百年来流传下来的人类共同愿望和要求的集大成者，是理论化了的人类共同价值理想。

对私有制进行批判后，《乌托邦》的第二部分，就是对所构想的美好社会的描绘。说在乌托邦这个与世隔绝的幸福海岛上，财产是公有的，物资取之不尽。家家户户都可以免费领到所需要的东西，而且还不受数量限制，但却从来没人多领过。在这里，所有的人都要参加劳动，并要学会至少一门手艺。每个城里人都先要去农村至少住满两年，以种田为业。这里实行的是 6 小时工作制，工作要服从社会需要。人们一起吃食堂。小孩儿必须上学接受知识与品德教育。乌托邦人没有贫富差距，他们鄙视金银，金银被用来做马桶和罪犯身上的枷锁。这里也没有货币，偷盗抢劫毫无必要。岛上人人平等，住房每隔 10 年就抽签调换一次，人人自由进出。莫尔所描绘的“乌托邦”中的公有，是财产公有，生产资料、生活资料都在其中，还不是我们说的公有制，因为公有制是不包括生活资料的。另外，所描绘的主要是从分配关系上说的，还只是在生产关系层面，并没有更多说到生产力的高度发展。这些都是空想社会主义不科学的地方。19 世纪初期以圣西门、傅立叶、欧文为代表的空想社会主义是科学社会主义的直接思想来源。空想社会主义空想了 300 多年才变成了科学，也是有时代原因的。恩格斯在《社会主义从空想到科学的发展》中指出：“不成熟的理论，是同不成熟的资本主义生产状况、不成熟的阶级状况相适应的。只有到资本主义社会的各种矛盾充分显现出来，无产阶级成熟起来，并作为独立的政治力量登上历史舞台时，才会在客观上具备社会主义从空想到科学的转变。”1848 年，科学社会主义诞生，社会主义从空想变成了科学。在科学社会主义理论的指导下，十月革命实现了社会主义从理想到现实的伟大飞跃，建立起世界上第一个人民当家作主的社会主义国家。在十月革命的影响下，社会主义成为许多国家赢得民族独立、解放和发展的重要选择，包括中国在内的一些国家先后走上社会主义道路，社会主义又实现了从一国到多国的飞跃。俄国十月革命的胜利，给中国人民送来了马克思列宁主义。1921 年 7 月，中国共产党成立，并成为中国社会主义运动的领导力量。党领导的中国社会主义事业经过了从新民主主义革命到社会主义革命、建设、改革的发展过程，在近百年的奋斗中不断发展壮大。20 世纪 80 年代末 90 年代初，东欧剧变、苏联解体又使世界社会主义遭受严重挫折，在世界社会主义出现严重挫折的严峻考验面前，中国共产党经受住了重大考验，成功捍卫了中国的社会主义事业，成功把中国特色社会主义推向 21 世纪，向世界展示了社会主义的优越性。中国道路对世界影响越来越大，中国特色社会主义为世界社会主义增添了光辉。中国特色社会主义进入了新时代，科学社会主义在 21 世纪的中国焕发出强大生机活力。从乌托邦到中国梦，是社会主义 500 多年发展历程的最好印证。

第二节　科学社会主义基本原则

坚持发展——科学社会主义基本原则

同学们好！从前面对社会主义 500 多年的历史分析看，我们知道了社会主义是人类共同的价值理想。同时我们也看到了，社会主义发展进程中也出现了东欧剧变、苏联解体这样的严重挫折。而东欧剧变、苏联解体，最根本的原因是放弃了社会主义道路，放弃了无产阶级专政，放弃了共产党的领导地位，放弃了马克思列宁主义的指导等这些社会主义的基本原则。可以说，科学社会主义基本原则是社会主义事业发展规律的集中体现，是马克思主义政党领导人民进行社会主义革命、建设、改革的基本遵循。马克思、恩格斯在创立科学社会主义理论并用以指导国际工人运动的过程中，逐步形成了科学社会主义基本原则。这些原则在后来的社会主义革命和建设中得到了证实、丰富和发展。科学社会主义基本原则不能丢，丢了就不是社会主义。那么科学社会主义基本原则都有哪些呢？我们怎样正确认识这些基本原则呢？经过马克思和恩格斯对人类社会发展一般规律的揭示，以及对指导国际工人运动经验的总结，又经过后来的社会主义革命和建设的证实、丰富和发展，共总结出了十个科学社会主义的基本原则。

第一个基本原则就是资本主义必然灭亡，社会主义必然胜利。“资本主义必然灭亡，社会主义必然胜利”是有理论依据的，是符合社会发展规律的必然趋势的。那谁来推翻资产阶级呢？第二个基本原则就给了答案，是无产阶级。无产阶级是最先进最革命的阶级，肩负着推翻资本主义旧世界、建立社会主义和共产主义新世界的历史使命。那无产阶级通过什么方式来推翻呢？第三个基本原则就告诉了无产阶级革命是无产阶级进行斗争的最高形式，以建立无产阶级专政的国家为目的。要建立无产阶级专政的国家，无产阶级可以通过经济斗争、政治斗争和思想斗争这三种形式来反抗资产阶级，但通过政治斗争夺取政权的无产阶级革命是最高形式。其中，暴力革命是一般革命形式，也不排除和平方式。那无产阶级夺取政权后，需要做什么？第四个基本原则就告诉了要实现公有制。社会主义社会要在生产资料公有制基础上组织生产，以满足全体社会成员的需要为生产的根本目的。那实行公有制的具体形式又是什么样的？第五个基本原则就说了社会主义社会要对社会生产进行有计划的指导和调节，实行按劳分配原则。那处理好社会关系后，跟自然怎么处理关系？第六个基本原则说到了社会主义社会要合乎自然规律地改造和利用自然，努力实现人与自然的和谐共生。进一步问，无产阶级是在马克思主义科学理论指导下夺取了政权，那做了国家主人后，还要不要科学理论指导？第七个基本原则说了社会主义社会必须坚持科学的理论指导，大力发展社会主义先进文化。再接着问，无产阶级是在自己的先锋队——共产党的领导下夺取政权的，那当家做主人后还要不要共产党的领导？第八个基本原则说了无产阶级政党是无产阶级的先锋队，社会主义事业必须始终坚持无产阶级政党的领导。再问，共产党领导无产阶级最初的梦想是要实现共产主义的远大理想，现在只是第一个阶段社会主义，还要不要继续奋斗？第九个基本原则说了社会主义社会要大力解放和发展生产力，逐步消灭剥削和消除两极分化，实现共同富裕和社会全面进步，并最终向共产主义社会过渡。同时进一步强调了第十个基本原则，就是共产主义是人类最美好的社会，实现共产主义是共产党人的最高理想。因此，要不忘初心，继续前进。习近平总书记在纪念马克思诞辰 200 周年讲话中，提到学习马克思时，说了几个方面，对我们在新时代学习、理解和掌握科学社会主义基本原则有很大帮助。习近平总书记提到：学习马克思，就要学习和实践马克思主义关于人类社会发展规律的思想。学习马克思，就要学习和实践马克思主义关于坚守人民立场的思想。学习马克思，就要学习和实践马克思主义关于生产力和生产关系的思想。学习马克思，就要学习和实践马克思主义关于人民民主的思想。学习马克思，就要学习和实践马克思主义关于文化建设的思想。学习马克思，就要学习和实践马克思主义关于社会建设的思想。学习马克思，就要学习和实践马克思主义关于人与自然关系的思想。学习马克思，就要学习和实践马克思主义关于世界历史的思想。学习马克思，就要学习和实践马克思主义关于马克思主义政党建设的思想。我们一定要好好学习习近平总书记在纪念马克思诞辰 200 周年讲话。这个讲话内容非常丰富，思想非常深刻，可以说是一篇闪耀着真理光辉的马克思主义纲领性文献，对我们学习“马克思主义基本原理”课程有特别大的指导意义。

科学社会主义这十个基本原则环环相扣，逻辑上很严密。那我们今天在进行中国特色社会主义的伟大实践中，应该怎样对待这十个基本原则呢？第一，必须始终坚持科学社会主义基本原则，反对任何背离科学社会主义基本原则的错误倾向。习近平强调，中国特色社会主义是社会主义而不是其他什么主义，科学社会主义基本原则不能丢，丢了就不是社会主义。怎么坚持呢？要善于把科学社会主义基本原则与本国实际相结合，创造性地回答和解决社会主义革命、建设、改革中的重大问题。同时，还要在实践中不断紧跟时代和实践的发展，不断总结新鲜经验，进一步丰富和发展。科学社会主义基本原则不是一成不变的教条，而是随着社会主义实践而不断丰富和发展的学说。

中国特色社会主义是根植于中国大地、反映中国人民意愿、适应中国和时代发展进步要求的科学社会主义，集中体现了科学社会主义基本原则与当代中国实际、中华优秀传统文化的有机统一。

第三节　在实践中探索现实社会主义的发展规律

任重道远——经济文化相对落后国家的社会主义建设

同学们好！前面我们一起学习了科学社会主义的基本原则，科学社会主义第一个基本原则就是资本主义必然灭亡，社会主义必然胜利，这是符合社会发展规律的必然趋势。社会主义在500多年的发展历程中，经历了从空想到科学、从理想到现实、从一国到多国不断的发展，对于包括中国在内的经济文化相对落后率先进入社会主义的国家来说，会不可避免地遇到生产力发展状况的制约、经济基础和上层建筑发展状况的制约、国际环境的严峻挑战，以及马克思主义执政党对社会主义发展道路的探索和对社会主义建设规律的认识需要一个长期过程等一系列的困难与问题，这就使这些国家的社会主义建设不能不具有长期性。因此，对经济文化相对落后的国家建设社会主义的长期性，必须要有充分的估计。在对长期性有了充分估计的同时，还必须不断探索符合本国国情的发展道路。只有对长期性有了充分的估计，才能把科学社会主义的一般原则与本国的实际情况相结合，走出一条符合本国国情的社会主义发展道路。对中国来说，我们正处在社会主义的初级阶段，对建设社会主义的长期性有了充分的估计，我们才能将科学社会主义的基本原则与中国社会主义初级阶段国情相结合，走出一条适合我国国情的中国特色社会主义发展道路。社会主义是崭新的事业，没有现成的路可走，社会主义作为亿万人民群众的伟大实践是一个不断探索的过程。必须在实践中不断探索前进。科学社会主义基本原则只是指明了一般的规律和主要的原则，并不能为具体问题提供现成的答案。书本上的结论不能简单套用，他国的经验也不能简单照搬，所以必须从自身国情和需要出发去进行探索。探索什么？探索规律。通过不断的探索去一步步掌握社会主义建设与发展的规律，这样，才能更好地把社会主义事业推向前进。那社会主义事业在前进中，是不是就一帆风顺呢？当然不是。列宁指出："设想世界历史会一帆风顺、按部就班地向前发展，不会有时出现大幅度的跃退，那是不辩证的，不科学的，在理论上是不正确的。"20 世纪末期的东欧剧变、苏联解体，就是世界社会主义运动的重大挫折。实践探索中出现某种曲折并不改变社会主义的前进趋势。我们不能因为有曲折而改变初衷和失去信念，而是要总结经验教训，努力战胜和走出挫折。社会主义事业是一个不断迎接挑战、克服困难而奋勇前进的过程，是马克思主义政党领导人民群众创造历史伟业的实践过程。推进社会主义实践发展必须要有开拓奋进的精神状态，必须有共产党人的高度组织性和先锋模范作用，必须有人民群众的历史主动性和首创精神。习近平总书记说"幸福是奋斗出来的"，集中到一点，就是要有坚定的社会主义理想信念。中国特色社会主义进入新时代，是社会主义实践探索的新境界，经过几十年的实践探索，中国特色社会主义取得了举世瞩目的辉煌成就。在中国这样一个拥有 5000 多年文明史和 13 亿多人口的东方大国取得这样举世瞩目的辉煌成就，不仅对中国的社会主义事业具有重大现实意义，而且对世界社会主义的发展具有广泛影响。社会主义的前进道路上还会有许多困难和挑战，我们的事业越前进、越发展，新情况、新问题就会越多，面临的风险和挑战就会越多，面对的不可预料的事情就会越多。遇到新情况、新问题怎么办？那就要学习，提高解决问题的能力和本领。习近平总书记说："我们必须增强忧患意识，做到居安思危，懂就是懂，不懂就是不懂；懂了的就努力创造条件去做，不懂的就要抓紧学习研究弄懂，来不得半点含糊。"对未来和前途，我们应该充满信心，对困难和挑战，要有责任和担当，有智慧和办法，也就是要以自信担当、开拓奋进的姿态走向社会主义光明未来。

第三部分　教学拓展

一、课后思考

1. 如何正确把握科学社会主义基本原则？

2. 如何探索符合本国国情的发展道路？

二、备课参考

1. 马克思、恩格斯：《共产党宣言》，《马克思恩格斯选集》第 1 卷，人民出版社 2012 年版。

2. 恩格斯：《社会主义从空想到科学的发展》，《马克思恩格斯选集》第 3 卷，人民出版社 2012 年版。

3. 习近平：《发展中国稳定中国的必由之路——关于坚持和发展中国特色社会主义》，《习近平总书记系列重要讲话读本》，学习出版社、人民出版社 2014 年版。

4. 习近平：《习近平谈治国理政》第二卷，外文出版社 2017 年版。

5. 习近平：《习近平谈治国理政》第一卷，外文出版社 2018 年版。

6. 习近平：《习近平谈治国理政》第三卷，外文出版社 2020 年版。

7. 习近平：《纪念马克思诞辰 200 周年大会在京举行习近平发表重要讲话》，2018 年 5 月 4 日。

8.《〈马克思主义基本原理概论〉辅导用书》，高等教育出版社 2020 年版。

9. 习近平：《在庆祝中国共产党成立 100 周年大会上的讲话》，人民出版社 2021 年版。

10. 中共中央：《中共中央关于党的百年奋斗重大成就和历史经验的决议》（2021 年六中全会决议），人民出版社 2021 年版。

三、实践活动

（一）实践活动主题

“学原理、读经典、看现实”

（二）实践活动目的

提高学生运用马克思主义基本原理观察问题、分析问题和解决现实问题的能力。

（三）实践活动任务

1. 经典阅读：选取下面所推荐著作中的一项或一篇与“社会主义在中国焕发出强大生机活力”“社会主义在实践探索中开拓前进”等与第六章内容相关的文章，进行重点阅读。

（1）习近平的《习近平谈治国理政》（第一卷）（任选其中的 1 篇）

（2）习近平的《习近平谈治国理政》（第二卷）（任选其中的 1 篇）

（3）习近平的《习近平谈治国理政》（第三卷）（任选其中的 1 篇）

2. 完成作业：在阅读文献的基础上，结合第六章相关马克思主义基本原理，并联系中国特色社会主义发展中所取得的辉煌成就，完成 1500 字左右的读后感。

第七章　共产主义崇高理想及其最终实现

第一部分　教学概况

本章概述	本章主要包含了三方面的内容：展望未来共产主义新社会；实现共产主义是历史发展的必然趋势；共产主义远大理想、与中国特色社会主义共同理想。
学时安排	理论学时 2 学时（含课堂活动）
教学目的与教学目标	本章的教学目的是引导和帮助学生学习和掌握预见未来社会的科学方法论原则，把握共产主义社会的基本特征，深刻认识实现共产主义的历史必然性和长期性，把握共产主义远大理想与中国特色社会主义共同理想的辩证关系，坚定理想信念，积极投身新时代中国特色社会主义事业。 本章教学目标包括知识、价值、能力三个目标。 知识目标：引导学生准确把握预见未来社会的科学方法论原则、共产主义社会的基本特征、共产主义理想实现的必然性、共产主义理想实现的长期性、共产主义远大理想与中国特色社会主义共同理想的关系等理论知识。 价值目标：引导学生以勇于担当的精神，做走在新时代前列的奋进者、开拓者、奉献者，以执着的信念、优良的品德、丰富的知识、过硬的本领，同人民群众一道，担负起历史赋予的重任，在实现中华民族伟大复兴中国梦的生动实践中放飞青春梦想。 能力目标：培养和提高学生在社会主义社会发展中不断深化对未来共产主义社会的认识的能力。

本章 教材分析	教材的第六章和第七章都属于科学社会主义的内容。第七章是对马克思当年所讲的共产主义的高级阶段，也就是我们平时说的共产主义的相关内容进行学习。 在19世纪中叶，马克思、恩格斯在创立科学理论的过程中，就告诉世人，未来社会是一个美好的共产主义社会。对于什么是共产主义社会、共产主义社会的基本特征是什么、这个最美好的理想社会能否实现、怎样才能实现等方面问题需要从理论上进行科学回答。 本章重点就共产主义社会的基本特征及其实现、共产主义理想实现的必然性与长期性、共产主义远大理想与中国特色社会主义共同理想的关系，以及青年人在实现中国梦的生动实践中放飞青春梦想几个方面，进行讲解阐述。 本章学习的核心点是让同学们在学习共产主义相关理论知识的基础上，树立共产主义远大理想，坚定中国特色社会主义共同理想信念。新时代的青年，必须坚定理想信念。当代青年要积极投身新时代中国特色社会主义事业，勇做担当中华民族伟大复兴大任的时代新人。
教学 重点难点	教学重点： 1. 共产主义社会的基本特征及其实现； 2. 远大理想与共同理想的关系。 教学难点： 共产主义社会的基本特征。
教学设计	采用线上和线下混合式教学方法。本课程线上教学在中国大学MOOC平台。 线下教学专题： 从乌托邦到中国梦（二）

第二部分　教学转化

一、仰望星空——共产主义的基本特征及其实现

同学们好！社会主义经过长期的发展，在高度发达的基础上，最终将走向共产主义。实现共产主义是人类历史发展的必然趋势，是马克思主义最崇高的社会理想。接下来我们就来聊一聊共产主义的基本特征及其实现。前面说过，人类对社会主义的追求，已有500多年的历史，在科学社会主义诞生之前，空想社会主义虽然空想了300多年，但对理想社会的美好追求一直没有停止，也停止不了。科学社会主义的创立，是人类对未来美好社会的追求建立在了科学基础之上，马克思主义经典作家站在科学的立场上，提出并自觉运用了预见未来社会的方法论原则。这使我们坚定共产主义崇高理想信念有了坚实的科学理论指导。中国梦是中国人民对美好生活的价值追求，共产主义则是人类对美好生活的价值追求。马克思恩格斯特别了不起的地方，是把人类历史上一代代人的内心最深层次的价值追求，内心深处最美好的梦想，进行了科学的研究，并为每一个人自由而全面发展的美好追求指明了方向。那就是共产主义的崇高理想。

共产主义社会基本特征概括起来有三个：第一个是物质财富极大丰富，消费资料按需分配。第二个是社会关系高度和谐，人们精神境界极大提高。第三个是实现每个人自由而全面的发展，人类从必然王国向自由王国飞跃。这三句话带出了四层关系，一是人与自然之间的关系，二是人与社会之间的关系，三是人与人之间的关系，四是人与自身之间的关系。在这几层关系上，人们内心深处最美好的价值追求，是几方面的和谐，而且是高度和谐，并且这几个方面同时实现的高度和谐。第一个特征物质财富极大丰富，消费资料按需分配，主要反映了人与自然的关系。人类对物质的追求到底达到什么程度才是最终的追求？今天我需要一台电脑，明天我需要一架钢琴，表面上好像是关注某一个具体的需求，但每当一个需求得到满足的时候，人们又开始有了其他的需求。

那如果我们把人类在物质上的需求做一个抽象概括，问，到底需要什么？答案就成了我们需要自然界满足我们什么的时候，自然界就能满足我们什么。恩格斯把人类的这种需求概括为“人们第一次成为自然界的自觉的和真正的主人”。第二个特征社会关系高度和谐，人们精神境界极大提高，这个特征主要反映了人与社会的关系。同样，我们如果把人类在精神上的需求也做一个抽象概括，那人类对精神的追求到底达到什么程度才是最终的追求？我们把人类在精神上的需求做一个抽象概括，就出现了另一个主人，恩格斯把人类的这种需求概括为“自身的社会结合的主人了”。做自然的主人是人类的物质追求，做社会的主人是人类的精神追求。需要说明的是，这两个主人不是一个人想要，也不是一些人想要，而是人类的追求，是每个人都要，当每个人都能做这两个主人的时候，就是每个人自由而全面的发展。第三个特征实现每个人自由而全面的发展，人类从必然王国向自由王国飞跃，这个特征反映的是人与人之间已经是人与自身之间的关系，是指人类在客观世界面前所处的两种不同的社会活动状态。人们在认识和实践活动中，对客观事物及其规律还没有形成真正的认识而不能自觉地支配自己和外部世界时，还是处于必然王国状态；当认识了客观事物及其规律并自觉依照这一认识来支配自己和外部世界时，就是自由王国状态。当每个人都能做自然的主人、社会的主人以及人自身的主人时，就是人类社会从必然王国向自由王国的飞跃，就是每个人自由而全面的发展，就是全人类的解放，就也是无产阶级的解放，就是人类最崇高社会理想——共产主义社会的实现。

实现共产主义是人类最伟大的事业，共产主义理想的实现是历史规律的必然要求，但实现共产主义是长期的历史过程，资本主义的灭亡和向社会主义的转变是一个长期的过程，社会主义社会的充分发展和最终向共产主义过渡同样需要很长的历史时期。共产主义社会不是等来的，是我们一步一步奋斗才能实现的。当我们对美好未来憧憬时，是我们在仰望星空，在仰望星空的同时，我们也还要脚踏实地。把今天的事情做好，把中国特色社会主义建设好，坚持社会主义道路，坚持社会主义制度，是我们在当代世界为共产主义事业作出的重要贡献。

二、脚踏实地——共产主义远大理想与中国特色社会主义共同理想辩证关系

同学们好！前面我们说了，实现共产主义是历史发展的必然趋势，是以人类社会发展规律以及资本主义社会的基本矛盾发展为依据的。社会主义运动的实践，特别是社会主义国家的兴起和不断发展，已经并正在用事实证明共产主义理想实现的必然性。但实现共产主义这一人类最伟大的事业，又是一个十分漫长而且充满艰难曲折的历史过程。一方面，资本主义的灭亡和向社会主义的转变是一个长期的过程；另一方面，社会主义社会的充分发展和最终向共产主义过渡也需要很长的历史时期。在这个漫长的发展过程中，既要仰望星空，又要脚踏实地。远大理想与共同理想是辩证统一的关系。我们怎么正确认识二者的辩证关系？青年大学生在实现共产主义远大理想与中国特色社会主义共同理想过程中，扮演着什么样的角色？接下来我们一起来看。共产主义远大理想与中国特色社会主义共同理想既有区别，又有联系。从区别说，二者在时间上是最终目标与阶段性目标的不同，在层次上是最高纲领与最低纲领的不同，在主体上是全人类的理想与中国人民理想的不同，从联系看，最终目标与阶段性目标、最高纲领与最低纲领、全人类理想与全体中国人民理想又都是不可分割的。坚持和发展中国特色社会主义是中华民族通向共产主义的必由之路，任何时候都要坚持远大理想和共同理想的统一，不能把它们割裂开来、对立起来。正是有了远大理想的指引，才有了共同理想的确立和坚持；也正是有了共同理想的实现，远大理想才会有现实的基础。所以，既不能只顾眼前，失去方向；也不能空谈远大理想，脱离实际。

全人类的远大理想是全人类共同的梦，中国特色社会主义共同理想是我们的中国梦。在我们追梦的过程中，青年大学生还会有每个人的梦。青年大学生只有把个人的理想与远大理想和共同理想统一起来，把我们每个人的梦与全人类共同的梦，与中国梦统一起来，才能有个人理想的真正实现。习近平总书记在党的十九大报告中说："青年人要在实现中国梦生动实践中放飞青春梦想。"我们经常会用"祝梦想成真"表达我们内心的美好祝愿，梦想成真是追梦与圆梦的统一。习近平总书记在2018年5月2日考察北京大学时所发表的

讲话中提到："青年既是追梦者，也是圆梦人。追梦需要激情和理想，圆梦需要奋斗和奉献。广大青年应该在奋斗中释放青春激情、追逐青春理想，以青春之我、奋斗之我，为民族复兴铺路架桥，为祖国建设添砖加瓦。"

青年人追梦圆梦的过程，是奋斗的过程，青年人的奋斗就像是小鸟的飞翔，既要有硬朗的翅膀，也要有前进的方向。希望我们青年大学生不断学习和掌握马克思主义的基本立场、观点和方法，树立正确的世界观、价值观、人生观，把学到的知识，把练就的本领，用于服务社会、奉献社会的正确方向上，做走在新时代前列的奋进者、开拓者、奉献者，在实现中华民族伟大复兴中国梦的生动实践中放飞青春梦想。

第三部分　教学拓展

一、课后思考

1. 如何全面理解共同理想与远大理想的关系。

2. 青年大学生如何坚定理想信念，投身新时代中国特色社会主义事业。

二、备课参考

1. 马克思、恩格斯：《共产党宣言》，《马克思恩格斯选集》第 1 卷，人民出版社 2012 年版。

2. 习近平：《发展中国稳定中国的必由之路——关于坚持和发展中国特色社会主义》，《习近平总书记系列重要讲话读本》，学习出版社、人民出版社 2014 年版。

3. 习近平：《习近平谈治国理政》第二卷，外文出版社 2017 年版。

4. 习近平：《习近平谈治国理政》第一卷，外文出版社 2018 年版。

5. 习近平：《习近平谈治国理政》第三卷，外文出版社 2020 年版。

6. 习近平：《纪念马克思诞辰 200 周年大会在京举行　习近平发表重要讲话》，2018 年 5 月 4 日。

7.《〈马克思主义基本原理概论〉辅导用书》，高等教育出版社 2020 年版。

8. 习近平：《在庆祝中国共产党成立 100 周年大会上的讲话》，人民出版社 2021 年版。

9. 中共中央：《中共中央关于党的百年奋斗重大成就和历史经验的决议》（2021 年六中全会决议），人民出版社 2021 年版。

三、实践活动

（一）实践活动主题

“学原理、读经典、看现实”

（二）实践活动目的

提高学生运用马克思主义基本原理观察问题、分析问题和解决现实问题的能力。

（三）实践活动任务

1. 经典阅读：选取下面所推荐著作中的一篇与第七章“共产主义崇高理想及其最终实现”内容相关的文章，进行重点阅读。

（1）马克思和恩格斯《共产党宣言》

（2）习近平的《习近平谈治国理政》（第一卷）（任选其中的 1 篇）

（3）习近平的《习近平谈治国理政》（第二卷）（任选其中的 1 篇）

（4）习近平的《习近平谈治国理政》（第三卷）（任选其中的 1 篇）

2. 完成作业：在阅读文献的基础上，结合第七章相关马克思主义基本原理，并联系中国共产党成立 100 周年党的百年辉煌，结合青年人坚定理想信念，投身新时代中国特色社会主义事业等方面内容，完成 1500 字左右的读后感。

附录：《拓展学习 马克思主义经典著作导读》

【教学导入】（导学——学原理、读经典、看现实）

同学们好！在导论部分，我们作课程总体介绍时，向同学们介绍了："学原理、读经典、看现实"是河北科技大学"原理"课教学团队，根据"原理"课的课程特点，着眼于时代发展和青年大学生成长成才需要，为同学们提供的一道有营养、有味道的学习大餐。这也是我们课程教学的一大特色。"学原理、读经典、看现实"教学设计与实施的目的，是让同学们以马克思主义基本原理为指导，带着社会实践中的现实问题，去读马克思主义经典著作文献，从马克思主义经典著作文献中汲取思想力量，加深与拓宽对马克思主义基本原理的学习，并为寻找社会实践中现实问题的答案获得启示，提高运用马克思主义基本原理观察问题、分析问题和解决现实问题的能力。习近平总书记在纪念马克思诞辰200周年讲话中针对马克思主义理论的学习提到："要深入学、持久学、刻苦学，带着问题学、联系实际学，更好把科学思想理论转化为认识世界、改造世界的强大物质力量。共产党人要把读马克思主义经典、悟马克思主义原理当作一种生活习惯、当作一种精神追求，用经典涵养正气、淬炼思想、升华境界、指导实践。"在其他一些讲话中，习近平总书记也多次提到，学马列要读原著，要原原本本地读。有同学说，知道读原著重要，但是感觉马克思主义原著学起来不容易懂。

本次"原理"课在线课程，主要为同学准备了马克思恩格斯的《共产党宣言》、马克思的《资本论》、毛泽东的《实践论》和《矛盾论》以及习近平的《习近平谈治国理政》（第一卷）（第二卷）（第三卷）等马克思主义经典著作导读。马克思在指导无产阶级的革命实践过程中，做了大量研究，写了大量著作，《共产党宣言》和《资本论》是1847—1872年期间最具代表性的两部。

《实践论》主要解决的是认识与实践的统一问题，《矛盾论》主要解决的是矛盾的普遍性与特殊性的统一问题。这两部著作充满了哲学的智慧，充分体现了马克思主义基本原理和中国革命实践的统一。从《共产党宣言》发表到《习近平谈治国理政》（第一卷）（第二卷）（第三卷）出版，印证了马克思主义从创立到不断发展的思想历程。170 多年后，新的思想开启新的时代。作为 21 世纪马克思主义中国化的最新理论成果，习近平新时代中国特色社会主义思想正引领中华民族向着伟大复兴的目标奋进。

通过学习马克思主义经典著作文献，同学们会对原著的写作背景、写作过程、主要内容及现实意义有更好的理解。相信同学们通过这几篇原著导读的学习，会逐步产生学习原著的兴趣，掌握学习原著的方法，了解原著的主要内容，不但从原著中领会内容，也可以从原著中感受到马克思主义创立人和后继者的人格魅力。

一、马克思和恩格斯《共产党宣言》导读

同学们，今天我们导读的经典篇章是马克思和恩格斯合著的一部光辉著作，它就是发表于 1848 年 2 月，距今已有 170 年历史的《共产党宣言》。它是第一个国际性无产阶级政党——共产主义者同盟的政治纲领，它的发表标志着科学社会主义的诞生，也标志着马克思主义的公开问世。

“一个幽灵，共产主义的幽灵，在欧洲游荡。为了对这个幽灵进行神圣的围剿，旧欧洲的一切势力，教皇和沙皇、梅特涅和基佐、法国的激进派和德国的警察，都联合起来了。”

“有哪一个反对党不被它的当政的敌人骂为共产党呢？又有哪一个反对党不拿共产主义这个罪名去回敬更进步的反对党人和自己的反动敌人呢？”

如何理解这两段话？让我们回顾一下 19 世纪三四十年代，在欧洲大陆发生的故事……

19 世纪三四十年代，随着欧洲各国在经济上的飞速发展，资本主义社会的基本矛盾也日益明显地暴露出来，经济危机周期性地发生，无产阶级和资产阶级之间的矛盾日益尖锐化，阶级斗争的规模也越来越大。接连爆发了 1831

年的法国里昂工人起义、1836 年的英国宪章运动和 1844 年的德国西里西亚纺织工人武装起义，这三次举世瞩目的工人运动，标志着无产阶级已经作为一支独立的政治力量登上历史舞台。在蓬勃发展的工人运动中，各国出现了一些具有政治性质的工人群众组织，1836 年成立的正义者同盟就是其中的一个。正义者同盟是一个半公开、半秘密的流亡工人组织，其成员大多数是因德国资本主义发展而排挤到异国他乡的手工业者，他们奉行着"人人皆兄弟"的口号。1847 年 1 月，共产主义者同盟邀请马克思和恩格斯加入和改组同盟，他们欣然同意，担负起了从思想上、组织上改组同盟的历史任务。

1847年6月，正义者同盟在伦敦举行了第一次代表大会。大会决定将"正义者同盟"改名为"共产主义者同盟"，并确立了"全世界无产者，联合起来！"的口号。由于经济原因，这次会议马克思没有参加，恩格斯在会议上为共产主义者同盟写出了第一份纲领——《共产主义信条草案》。会后，共产主义者同盟就纲领问题展开了全面大讨论。由于同盟内部的分歧，1847 年 10 月，恩格斯再次受同盟委托，为同盟起草了纲领草案——《共产主义原理》。

1847 年 11 月至 12 月，共产主义者同盟第二次代表大会在伦敦召开，马克思和恩格斯都应邀出席。在这次会议上，他们经过长时间的辩论，消除了各种分歧和怀疑，勇敢地捍卫了科学社会主义原则。会后，马克思和恩格斯在《共产主义信条草案》和《共产主义原理》两份文献的基础上，写作了共产主义者同盟的正式纲领——《共产党宣言》。

《共产党宣言》结构严谨，包括整个马克思主义理论的基本内容。在这部光辉的著作中，马克思、恩格斯通过运用他们在哲学、政治经济学以及历史科学等领域里获得的新认识，尤其是他们所创立的唯物史观，对人类社会特别是资本主义社会进行了科学研究，并总结了工人运动的新经验，从而全面阐述了科学社会主义的基本原理。马克思和恩格斯科学地评价了资产阶级的历史作用，揭示了资本主义的内在矛盾，论述了无产阶级作为资本主义掘墓人的伟大历史使命，阐明了资本主义必然灭亡和共产主义必然胜利的历史规律。同时，他们还对未来共产主义的理想社会进行了阐释，他们指出：共产主义的特征并不是要废除一般的所有制，而是要废除资产阶级的所有制；共产主义不仅要同传统的所有制关系实行最彻底的决裂，而且要同传统的观念实行最彻底的决裂；共产主义新社会将是这样一个联合体，在那里，每个人的自由发展是一切人的自由发展的条件。此外，他们还深刻揭示了共产党的性质和特点，论证了党的领导是无产阶级解放事业走向胜利的根本保证，奠定了马克思主义建党学说的基础。以这些理论阐释为基础，马克思、恩格斯深刻地批判了各种社会主义流派，从而在国际共产主义运动中真正地树立起了科学社会主义的理论旗帜。

同学们，《共产党宣言》自1848年问世以来，已被翻译成200余种文字，出版了1000多次。《宣言》虽然篇幅不大，一共只有3万多字，但它对人类思想界产生的影响却是巨大的。在国内外媒体推荐的图书中，到目前为止，世界上最有影响力的10本或20本书，均将《共产党宣言》列入其中。正如恩格斯在《宣言》“1890年德文版序言”中所说的那样：“它无疑是全部社会主义文献中传播最广和最具有国际性的著作”。时至今日，《共产党宣言》仍是共产党人的“圣经”和“不忘初心、牢记使命”的力量源泉；它将有助于我们认清共产党的性质和特点，坚信中国共产党的领导才是中国特色社会主义最本质的特征；它将有助于我们在世界“百年未有之大变局”中，认清人类社会历史发展的总趋势，坚定中国特色社会主义的道路自信、理论自信、制度自信和文化自信；它所描绘的“每个人的自由发展”的终极目标和共产主义的理想图景，必将激励着一代代共产党人为着共产主义事业而不断创新、不断实践、不断奋斗！

二、马克思《资本论》导读

同学们好！今天我们给大家推荐的经典著作是马克思的《资本论》。

《资本论》（全称《资本论：政治经济学批判》），是马克思以毕生精力撰写的一部光辉巨著，是马克思研究资本主义社会经济形态的巅峰之作。时间过去了150多年，这部著作依然熠熠生辉，仍然值得认真读一读。

马克思是在什么背景下创作《资本论》的呢？

人类社会进入19世纪，随着资本主义生产方式在欧洲社会的迅猛发展，资本主义社会形态下的固有矛盾愈发明显地暴露出来。无产阶级与资产阶级之间的斗争日益尖锐，呈现复杂化的趋势。1848 年，席卷欧洲的资产阶级民主革命爆发，马克思积极投入并指导了这场革命斗争。革命失败后，马克思深刻总结革命教训，力求通过系统研究政治经济学，揭示资本主义的本质和规律，为无产阶级提供强大的理论武器。

为了写作《资本论》，马克思 20 年如一日，每天坚持到英国博物馆去看书，查阅资料，被图书馆员称为最勤奋的读者。马克思在阅览室里埋头读书的时候，常常情不自禁地用脚来回擦地，天长日久之后，竟然把他的固定座位下坚硬的水泥地磨出了一道凹下去的印子，被人们誉为“马克思的足迹”。

据不完全统计，马克思在写作《资本论》的过程中，阅读了 2000 多册有关的经济学著作，收集了 4000 多种报纸杂志，研究了大量的英国官方会议的有关文件和蓝皮书。他写的各种摘录、手稿、提纲、札记等达 100 多本。

1867 年 9 月，《资本论》第一卷出版后，由于马克思身体状况的恶化，第二、第三卷未及出版，马克思就与世长辞了。马克思逝世后，恩格斯整理了《资本论》第二卷和第三卷，分别于 1885 年和 1894 年出版。恩格斯曾打算整理出版《资本论》第四卷，可惜未能如愿。这部分后来被考茨基整理为《剩余价值学说史》，于 1904 年、1905 年、1910 年分三卷出版。

《资本论》包括哪些内容呢？

《资本论》内容博大精深，但剩余价值是贯穿在整个《资本论》中一条主导的红线。

剩余价值是资本主义生产的唯一目的和动机，是资本主义生产的实质。剩余价值规律是资本主义经济的基本经济规律。全部《资本论》都是以剩余价值为中心展开分析的。《资本论》第一卷，是整个《资本论》的基础部分，重点研究资本主义直接生产过程中的关系，着重阐明剩余价值的生产，揭示资本主义剥削关系的一般本质。第二卷重点分析作为生产和交换的统一的广义的资本流通过程，着重阐明剩余价值的实现，进一步揭示资本主义剥削关系在流通中的表现。第三卷分析了作为生产、流通、分配的统一的资本主义生产的总过程，着重阐明剩余价值的分配，进一步揭示了接近社会表面的分配领域的资本主义剥削关系。第四卷着重阐明剩余价值学说的历史。

《资本论》在批判资产阶级古典政治经济学价值论的基础上，创造性地提出了劳动的二重性学说，建立了科学的劳动价值论，从而为政治经济学奠定了理论基础。《资本论》通过对剩余价值这个资本主义的核心问题的分析，揭示了资本主义生产方式的基本矛盾及其发展的历史趋势，从而科学地证明了一个真理，这就是：资本主义制度只是与生产力发展的一定阶段相适应的特殊历史性的制度，它必将随着生产社会化的进一步发展而趋于灭亡。这是一个不以人的意志为转移的铁的必然性。正如恩格斯所说：马克思在《资本论》中，“根据以无可怀疑的知识所作的绝对认真的研究，得出了这个结论：整个‘资本主义生产方式’必定要被消灭”。

马克思的《资本论》对人类历史到底有多大影响呢？

在马克思主义以前，已经有了政治经济学，不过那是资产阶级的政治经济学。资产阶级政治经济学把“国民财富”作为研究对象，只讲物与物的关系，不讲人与人的特殊社会关系，把资本主义生产关系看成自古有之、永恒存在的东西。马克思通过创作《资本论》，实现了政治经济学的根本革命，为政治经济学的发展作出了划时代的贡献。习近平总书记在纪念马克思诞辰 200 周年大会上的讲话中指出：1867 年问世的《资本论》是马克思主义最厚重、最丰富的著作，被誉为“工人阶级的圣经”。

《资本论》跨越了经济、政治、哲学等多个领域，学习资本论，会大大扩展我们的知识广度、提高我们的思维能力，值得大学生认真阅读。我们郑重地把这本书推荐给大家。

三、毛泽东《矛盾论》导读

同学们好！下面给大家推荐毛泽东的《矛盾论》。

毛泽东一生写了大量有关唯物辩证法的著作及其论述，《矛盾论》就是最主要的代表作之一。

《矛盾论》的前身是在 1937 年 7 月—8 月，毛泽东在延安抗日军政大学讲授马克思主义哲学时所用的讲稿“辩证法唯物论（讲授提纲）”的一部分。这部著作紧密结合中国革命的实践，因而具有鲜明的中国特色，为中国共产党的思想路线奠定了哲学基础，丰富和发展了马克思主义。

毛泽东写作和讲授《矛盾论》时正是第二次国内革命战争刚刚结束，抗日战争已经爆发之际。毛泽东于此时讲这个问题，是要从哲学上对两次国内革命战争，特别是第二次国内革命战争的经验进行总结，用马克思主义的世界观、方法论武装广大干部，以迎接抗日战争新阶段的到来。

中国共产党从诞生之日起，就把马克思主义确立为自己的指导思想。但由于当时大多数人既没有条件直接阅读马克思主义原著，不能系统地学习马克思主义，又缺乏在中国革命的实践经验，中国革命存在着理论准备不足、理论脱离实际等弱点。在革命过程中，接连出现了以陈独秀为代表的右倾机会主义和以王明为代表的“左”倾教条主义，导致中国革命虽然取得了北伐战争和土地革命的两大胜利，但也经历了1927年大革命和第五次反“围剿”斗争的重大失败。党中央和红军长征到达陕北后，特别是在1936年下半年至1937年上半年，由于有了相对安全稳定的环境，毛泽东同志就有时间能够比较集中精力对党的历史经验进行深入理论思考和概括。毛泽东同志开始大量地、系统地阅读马列著作和相关读物，并从哲学层面总结两次国内革命战争的经验，思考导致中国革命遭受重大挫折的根本原因，特别是找出共同的、带规律性的东西。这篇哲学著作就是运用唯物辩证法，总结了党的历史经验和教训，揭露和批判了“左”、右倾错误，特别是“左”倾教条主义的错误，为中国共产党规定了正确的思想路线、领导方法与工作方法。

《矛盾论》有一个引言、六个部分和一个结论。引言说明研究事物的矛盾法则的重要性。然后，分六个部分全面系统地论述唯物辩证法关于对立统一规律的基本原理，最后有一个总结。

在六个部分中：

第一部分，主要讲了两种不同的宇宙观。即形而上学的发展观与辩证法的发展观。

第二部分，讲矛盾的普遍性。强调中国共产党人必须运用矛盾分析方法，才能正确地分析中国革命的历史现状，并推断革命的将来。

第三部分，讲矛盾的特殊性。这是本文的一个重点，从5个方面系统地论述了矛盾特殊性的理论，明确指出“共性与个性、绝对与相对的关系”，是矛盾问题的精髓，强调对于具体的事物要作具体的分析，指出了教条主义者在处理问题时往往忽略了矛盾的特殊性，其错误的根源就在于没有具体问题具体分析。

第四部分，讲主要矛盾和主要的矛盾方面。认为矛盾发展的不平衡性是主次矛盾和矛盾主次方面的客观依据，说明了抓主要矛盾和矛盾主要方面的方法论意义，并论述了矛盾对立双方相互转化的根据和条件。

第五部分，讲述了矛盾的同一性和斗争性。指出有条件的相对的同一性和无条件的绝对的斗争性相结合，构成了一切事物的矛盾运动。

第六部分，讲述了对抗在矛盾中的地位。分析了矛盾斗争的两种基本形式，即对抗性的矛盾和非对抗性的矛盾，并指出二者在一定条件下相互转化。

伟大的理论引领伟大时代。《矛盾论》问世已经80多年了，《矛盾论》提供给我们的认识论和方法论，仍然具有重要的指导意义和实践价值。

在毛泽东同志《实践论》《矛盾论》发表80周年之际，习近平总书记对广大党员干部学习研究经典著作，发扬我们党学哲学、用哲学的优良传统作出了重要指示。这一指示具有重要的意义。

当前，我国正处于即将完成第一个百年目标，并向第二个百年目标奋进的关键时期。社会主要矛盾已经发生了转移，中国特色社会主义建设进入了新时代。我国的改革开放在取得巨大进步的同时，也面临着一系列突出矛盾和问题。面对这些矛盾，我们要在迅速变化的时代中赢得主动，要在新的伟大斗争中赢得胜利，就必须把学习马克思主义哲学作为看家本领，用马克思主义的“矛盾论”智慧滋养我们的头脑，学会运用矛盾分析方法观察、分析和解决问题，正确对待与处理现实中存在的诸多矛盾，科学做好各项工作。《矛盾论》是值得一读的一本好书，推荐给大家。

四、毛泽东《实践论》导读

同学们，今天我带领大家解读毛泽东的《实践论》。《实践论》是从实践的范畴对马克思主义哲学进行的中国化论述，是毛泽东哲学思想的精华，在马克思主义哲学发展史、中国哲学发展史上都具有重要的地位和作用，成为指导中国共产党正确领导中国实践的强大思想武器。

司马迁有云："文王拘而演周易，仲尼厄而作春秋。屈原放逐，乃赋离骚。左丘失明，厥有国语。孙子膑脚，兵法修列。不韦迁蜀，世传吕览。韩非囚秦，说难孤愤。诗三百，大抵圣贤发愤之所为作也。"对此，毛泽东深有感触，《实践论》就是他的"发愤之作"，那么"愤"从何来？

1931—1934 年，中国革命蒙受了极大的损失，主要原因就是以王明为首的"左"倾教条主义无视中国革命的实际，否认"马克思主义不是教条而是行动的指南"这个真理，生吞活剥马克思主义书籍的只言片语，把马克思主义教条化、神圣化，把共产国际的各种决议，甚至苏联经验神圣化，完全脱离了中国的实际。另外还有一小部分经验主义的同志，长期拘泥于自身的片断经验，不了解理论对于革命实践的重要性，看不到革命的全局。《实践论》就是作者借用马克思主义的认识论观点揭露党内的教条主义和经验主义，特别是教条主义的主观主义错误而写的。

1925 年，王明作为一个仅有 1 个月党龄的 21 岁的青年学生，被选送苏联学习。6 年后，1931 年，在中国共产党六届四中全会上，王明进入中央政治局，并取得党中央的实际领导权。但他长期脱离斗争一线，没有多少中国革命斗争的实践经历，反而把有丰富实践经验的毛泽东同志称为"山沟里的马克思主义"、狭隘经验论、富农路线、右倾机会主义。王明有一个著名的口号叫"为中共更加布尔什维克化而斗争"，他所说的布尔什维克化就是要百分之百地落实共产国际的指示。这种拒绝中国革命的经验，不研究中国的实际问题，不唯实，只唯书、唯上的做法，最终导致红军的第五次反"围剿"失败，给中国革命带来了巨大损失。

毛泽东心痛、愤怒，却无能为力。直到 1935 年 1 月遵义会议改变了中央的错误领导，确立了毛泽东在全党全军的领导地位，才使党和红军有了转机。失败的惨痛代价，毛泽东并没有忘记。他到处找马列的书来读，甚至在长征路上，他患病躺在担架上还在读《反杜林论》。中央红军到达陕北以后，在延安有了相对安全的环境，读书时间也增多了。为了批判以王明为代表的"左"

倾教条主义，总结中国革命的丰富经验，毛泽东在延安发愤读书。他读的书主要以哲学研究为主，凡是在延安能找到的马列哲学著作和有关读物，他都找来读，在延安没有的，他就写信给外面的同志买来读。大量的阅读为他写作《实践论》奠定了坚实的基础。1937 年 4 月，毛泽东应抗日军政大学邀请去给学员们讲授哲学，直到卢沟桥事变发生，共讲了 100 多个小时。毛泽东在抗大讲课的稿子，由红军总政治部把提纲整理出来，这就是后来广为流传的《辩证法唯物论讲授提纲》。《实践论》就是这个提纲的第二章“辩证唯物论”的最后一节。

《实践论》具体地论述了在实践基础上认识发展的辩证过程，论述了感性认识和理性认识的辩证关系，批判了唯理论和经验论的错误。它深刻地指出，主观和客观相分裂，认识和实践相脱离，是“左”、右倾错误的认识论根源，人类认识发展的全过程是：实践、认识、再实践、再认识，这种形式循环往复以至无穷，而实践和认识的每一循环的内容，都进到了比较高一级的程度。此外，毛泽东还就绝对真理和相对真理的相互关系发表了真知灼见。他认为，在绝对真理的长河中，人们对于在每个发展阶段上的具体过程的认识只具有相对的真理性，马克思列宁主义并没有结束真理，而是在实践中不断地开辟认识真理的道路。作者特别强调主观和客观、理论和实践、知和行的具体的历史的统一，反对一切离开历史的“左”的和右的错误思想。

可以说，《实践论》深刻地论述和丰富了马克思主义的认识论，科学地解决了几千年来中国哲学史上争论不休的知行关系问题。它用科学的认识论武装了中国共产党，教育全党树立马克思列宁主义必须同中国实际相结合的观点，为延安整风运动作了理论准备，为中国共产党实事求是的思想路线奠定了哲学基础。

时至今日，《实践论》已发表 80 多年了，但它仍以对马克思主义认识论的科学理解，指导我们如何树立科学的世界观、人生观、价值观；启示我们在马克思主义中国化的同时，永远不能脱离中国的实际情况；引导我们在新时代中国特色社会主义现代化建设的过程中，要始终坚持解放思想、实事求是的精神。在这部运用辩证唯物主义和历史唯物主义原理解决中国革命实际问题的光辉典范中，我们不仅可以学到观察和解决问题的马克思主义立场和观点，更重要的是可以学到如何运用这些原理来解决实际问题的路径和方法。

五、习近平《习近平谈治国理政》第一卷、第二卷、第三卷

同学们好！前面我们学习了《共产党宣言》《资本论》《矛盾论》和《实践论》，接下来我们一起来看一下《习近平谈治国理政》第一卷、第二卷、第三卷，从《共产党宣言》的问世，到《习近平谈治国理政》第一卷、第二卷、第三卷的出版，反映了马克思主义的思想发展历程。《共产党宣言》的发表，宣布了马克思主义的创立，《习近平谈治国理政》第一卷、第二卷、第三卷的出版，让我们看到了马克思主义在21世纪的中国焕发出了强大生机与活力。

目前，《习近平谈治国理政》已出版第一卷、第二卷、第三卷，最开始在2014年9月出版发行了《习近平谈治国理政》，收入的是习近平总书记在党的十八大闭幕后至2014年6月13日期间的重要讲话。该书出版后，习近平总书记又发表了一系列重要讲话，提出了一系列具有开创性意义的新理念新思想新战略。党的十九大，确立了习近平新时代中国特色社会主义思想。习近平新时代中国特色社会主义思想是马克思主义中国化的最新理论成果。党的十九大后，为帮助国内外读者系统了解掌握习近平新时代中国特色社会主义思想的精神实质和丰富内涵，在2017年的11月出版发行了《习近平谈治国理政》第二卷。《习近平谈治国理政》第二卷收入的是习近平总书记在2014年8月18日至2017年9月29日期间的讲话、谈话、演讲、批示、贺电等，共99篇，17个专题。同时，应广大读者需要，又把2014年9月出版的《习近平谈治国理政》改称《习近平谈治国理政》第一卷，于2018年1月修订出版。从2014年9月出版的《习近平谈治国理政》，到2017年的11月出版的《习近平谈治国理政》第二卷，再到2018年1月修订再版的《习近平谈治国理政》第一卷，都受到了国内外读者的广泛关注和好评。

《习近平谈治国理政》第一卷、第二卷出版以来，在国内外产生了强烈反响。党的十九大以来，习近平总书记在领导推进新时代治国理政的实践中，又发表一系列重要论述，提出许多具有原创性、时代性、指导性的重大思想观

点，进一步丰富和发展了党的理论创新成果。2020 年 6 月 1 日，《习近平谈治国理政》第三卷正式出版。

《习近平谈治国理政》第三卷收入了习近平总书记在 2017 年 10 月 18 日至 2020 年 1 月 13 日期间的报告、讲话、谈话、演讲、批示、指示、贺信等 92 篇，分为 19 个专题。《习近平谈治国理政》第三卷与先前出版的第一卷、第二卷一道，形成了一个系列，对于全面反映习近平新时代中国特色社会主义思想，帮助国内外读者系统了解掌握这一重要思想的精神实质和丰富内涵，具有重大而深远的意义。

通过《习近平谈治国理政》第一卷、第二卷、第三卷的学习，我们可以更好地了解习近平新时代中国特色社会主义思想形成发展的轨迹和成果。掌握习近平新时代中国特色社会主义思想的精神实质和丰富内涵。习近平总书记在用生动的语言讲中国故事、讲中国共产党故事中，让世界各国读者更好地了解习近平新时代中国特色社会主义思想的丰富内涵，客观认识和理解中国特色社会主义道路、理论、制度、文化，促进中外文化交流和治国理政经验互鉴，对马克思主义的国际传播作出了巨大贡献。

通过《习近平谈治国理政》第一卷、第二卷、第三卷的学习，我们可以体会到习近平新时代中国特色社会主义思想所贯穿的坚定信仰信念、鲜明人民立场、强烈历史担当、求真务实作风、勇于创新精神和科学思想方法。《习近平谈治国理政》第一卷、第二卷、第三卷所收录的每一篇重要文献中，我们都可以读到马克思主义的基本立场、观点和方法。习近平总书记非常重视马克思主义理论的学习，多次提到“把马克思主义作为看家本领”。比如，《习近平谈治国理政》第二卷收录了 2017 年 9 月 29 日习近平总书记在主持中共十八届中央政治局第四十三次集体学习时的讲话，讲话题目是“继续推进马克思主义中国化时代化大众化”。习近平总书记在讲话中提到：“我们要赢得优势、赢得主动、赢得未来，战胜前进道路上各种各样的拦路虎、绊脚石，必须把马克思主义作为看家本领，以更宽广的视野、更长远的眼光来思考把握未来发展面临的一系列重大问题，不断提高全党运用马克思主义分析和解决实际问题的能力，不断提高运用科学理论指导我们应对重大挑战、抵御重大风险、克服重大阻力、解决重大矛盾的能力。”

《习近平谈治国理政》第一卷、第二卷、第三卷是一系列闪耀着马克思主义真理光芒的纲领性文献，同学们要认认真真地学习，在学习中得到智慧的启迪，在学习中感受马克思主义的理论魅力与真理力量。

后　记

本书的出版是近年来河北科技大学马克思主义学院深化思政课改革的成果之一，是“马克思主义基本原理”教研室集体智慧的结晶。“学原理、读经典、看现实”是本课程的特色，从课程理论知识体系的构架与讲授，到课程实践活动的主题与实施，都贯穿了“学原理、读经典、看现实”这一主题，都体现了这一课程特色。结合多年的“马克思主义基本原理”教学实践和近几年混合式教学改革探索，我们进行了相关教学研究并编写了该书，尝试为“原理”课教学提供一些教学资料，与各位同人交流。

本书由张会蔚总策划与撰写各章第一部分的“教学概况”和第三部分的“教学拓展”内容。

各章第二部分“教学转化”执笔人（以所撰章节先后为序）：

导论：张会蔚；第一章：崔赞梅、张芈卡；第二章：崔赞梅、赵建英、黄慧微；第三章：郭京振；第四章、第五章：邢顺福；第六章、第七章：张会蔚；拓展学习——马克思主义经典著作导读：张会蔚、崔赞梅、邢顺福。本书初稿完成后，由张会蔚统稿。

本书在编写过程中，教学概况部分和教学拓展部分，参考了马克思主义理论研究和建设工程重点教材及其配套用书《〈马克思主义基本原理概论〉辅导用书》部分内容，教学转化部分参考了许多专家学者的相关研究成果，有的未一一注明，在此一并深表感谢。疏漏之处，敬请各位专家、各位同行和各位读者朋友批评指正，我们将进一步修改、完善和提高。

张会蔚

2022 年 1 月 26 日